AF591098

PÉTITION

ET

RÉVÉLATIONS

AVEC PIECES A L'APPUI.

REMISES EN 1837, 1838 ET 1839 AUX DEUX CHAMBRES

LÉGISLATIVES ET AUX TROIS POUVOIRS RÉUNIS.

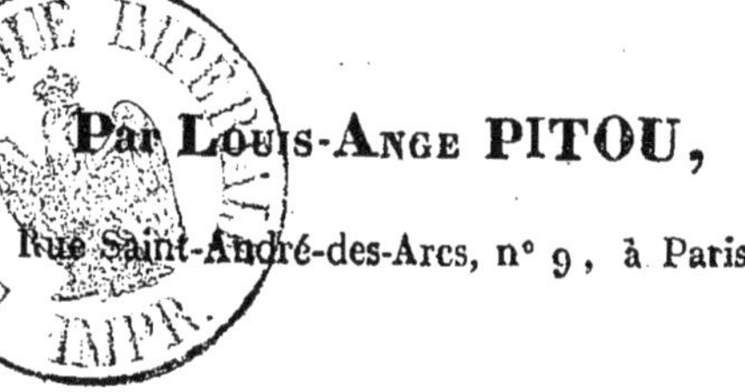

Par LOUIS-ANGE PITOU,

Rue Saint-André-des-Arcs, n° 9, à Paris.

PARIS,

Imprimerie de HÉRHAN et BIMONT, rue du Caire, 32.

12 février 1839.

du mandat, pour annuler la créance, pour réfuter la soustraction des 167 pièces originales, opérée par les prédécesseurs ; ils débutent par la présentation d'une pièce supposée, contenant *plus de faux que de mots*; forcés de faire cet aveu accablant, ils se relèvent et soutiennent par écrit dans leur rapport des 12 octobre, 20 novembre, 3 décembre 1833, que *les faux et les soustractions de pièces sont des bagatelles dont on ne doit pas se faire scrupule, quand il s'agit d'affranchir de ses obligations, le fisc* et le domaine de l'état.

Le créancier, payé jusqu'à ce jour par ce *nouveau code de droit*, a forcé son débiteur à lui en délivrer une copie authentique et originalisée.

L'homme du fisc récite et trace sa morale en *cicéro ;* le mandataire la commente et y répond en *petit-romain.*

Tous deux sont en présence des trois pouvoirs réunis qui, depuis les 17, 18, 21 mars 1837, méditent en silence *la pétition et les révélations*, dont ils ont un double original.

CAUSE

UNIQUE ET DE PREMIER ORDRE.

Si vous commencez la lecture de ce résumé, vous l'achèverez malgré vous...

Impérialiste, carliste, républicain, ami ou ennemi de la France, cette cause tient à plusieurs millions d'hommes, et à vous spécialement...

Un mandataire officiel, reconnu de l'État et du Roi, plaide ici votre cause plus que la sienne ; il la plaide en présence des trois pouvoirs réunis qui, depuis trois ans, méditent à huit-clos cette grande affaire.

Point d'exorde, point d'exposé, point d'introduction ; il parle dans le palais et dans le sanctuaire de la justice et des lois, en présence de ses très-illustres adversaires, qui s'avouent coupables...

Voilà les faux constatés par écrit en justice, par les faussaires qui les ont commis. Ces faussaires sont-ils les auteurs ou les instrumens de leurs actes?.. Devinez, et taisons-nous, pour ne diffamer, ou plutôt pour ne divulguer personne.

Si un débiteur ou un dépositaire infidèle, librement consulté par la justice, touchant la déclaration verbale qu'il a faite dans sa maison, de sa dette ou de son dépôt, aveu dont il a voulu perdre la mémoire, lorsque son créancier lui a demandé un titre écrit, au bout de trois ans d'angoisses et de remords, se présente à cette même justice, et répète de lui-même tous les détails de son engagement de conscience; cet aveu devient un titre testimonial, légal, authentique, chirographaire et indélébile, entre de simples particuliers. Cette règle, que Dieu s'impose lui-même, est-elle au niveau, au-dessus ou au-dessous du fisc et du pouvoir suprême ? Jugez-en par la pièce qui va suivre...

Un état, un gouvernement, un Roi, un monarque qui règne après un autre, avec quelque modification que ce soit, tant que l'état n'est pas démembré et dispersé, est-il le successeur du précédent? *oui et non*, d'après l'histoire du cahos de la revolution; et d'après les fauteurs anarchistes de la loi agraire; *oui*, d'après la réalité de l'histoire. Pour juger la question patriotiquement, mettez la pièce précédente en regard avec celles qui vont suivre, et dites où nous en sommes...

Si un gouvernement s'est porté caution en justice, pour son mandataire direct, légitime et de premier ordre ; si ce mandataire, pour actes de sa mission, présente des actes irrécusables qui prouvent qu'il a libéré son pays d'une dette de onze milliards, doit-on annuler de pareils titres en les niant, en les détruisant, en les lavant, en réduisant pendant huit ans, ce mandataire à trois onces de pain par jour ou à se suicider? Peut-on dire à ce mandataire : Pourquoi nos devanciers ne vous ont-ils pas payé ; ils ont prétendu qu'ils ne vous devaient rien, parce que vous n'avez point émigré. Hé bien, nous prétendons ne rien vous devoir, parce que nous vous déclarons émigré... Ces allégations de notre part, (celles des nouveaux gouvernans de 1830), sont criantes.... Hé bien, nous nous enveloppons tous du manteau de nos subordonnés. N'allez pas plus haut ; le ministre secrétaire d'état est un des premiers anneaux de la chaîne électrique ; le fluide magnétique qui vient d'en haut, doit paraître naître d'en bas : ainsi,

Son Excellence le ministre trop occupé, s'en rapporte *à M. le préfet*, don *il adopte l'opinion.*

M. le préfet *partage* entièrement *l'opinion de monsieur le directeur des domaines.*

M. le directeur des domaines partage l'opinion *de monsieur le vérificateur* : dans les temps de tyrannie sourde, de disette et de pénurie, c'est par ces derniers subordonnés, que commence la torture de la place et de la conscience.

En 1829, le chef du fisc de la préfecture de la Seine, libre alors d'être honnête homme, accepte, enregistre, et de l'aveu du préfet, soumet à l'examen les titres du mandataire, et annonce une solution conforme.

En 1830, après le 29 juillet, au retour de Cherbourg du nouveau préfet de la Seine, le même chef du domaine dit au mandataire : « Voilà vos pièces ; *je suis forcé d'oublier mon enregis-* « *trement*, et de prêter le premier endos à la défense d'une « décision occulte. »

Le successeur de ce premier préfet de la révolution de juillet, trouve la mesure fort expéditive et fort bonne.

En 1832, le mandataire revient présenter ses titres au même chef du domaine, pour les faire enregistrer. Ce chef intègre le renvoie à M. le préfet lui-même ; M. le préfet remet l'audience à huit jours, parle à son chef de bureau, est invisible, et les pièces sont rendues sans enregistrement, afin de toujours prétexter cause d'ignorance *par la faute des subordonnés*. M. le grand référendaire de la chambre des pairs, consulté par le mandataire, conseille de s'adresser au ministre de la justice ; le secrétaire de sa Grâce, M. Barthe, accueille favorablement le pétitionnaire, lui promet un prompt examen et une audience ; le mandataire écrit en vain pendant six mois, sans recevoir ni audience, ni accusé de réception des titres ; alors, il s'adresse simultanément aux deux Chambres et au Roi. Au bout de trois jours, le secrétaire de M. le garde des sceaux invite le mandataire par écrit, à passer au ministère ; le mandataire s'y rend et demande pourquoi, depuis six mois, on lui refuse audience et accusé de réception de ses titres ? *Eh, mais, Monsieur*, répond naïvement le secrétaire de Son Excellence, qui était dans la pièce voisine : *c'est que nous avions un ordre très supérieur, qui nous défendait de répondre et de vous recevoir.* — Merci, Monsieur, dit Louis-Ange Pitou ; mais j'ai des doubles originaux. Ce même exposé du mandataire relatait la conduite de M. le comte de Bondy, préfet de la Seine, dans le refus d'enregistrement des titres, relatés dans le rapport fait par M. le comte de Sade, à la Chambre élective, le sept décembre 1830.

Ces exposés avaient eu lieu au commencement et à la fin d'avril 1833. M. le garde des sceaux remettait les titres sans enregistrement, pour s'autoriser d'une ignorance (volontaire). Louis-Ange Pitou, en laissant à la Chancellerie un double imprimé du principe de la demande au conseil d'état, en fit l'observation positive au cabinet.

M. le préfet de la Seine, organe du ministre des finances qui, depuis trois ans, avait forcé le mandataire de reprendre ses titres sans vouloir les enregistrer, voyant qu'ils sont aux archives des deux Chambres législatives, enregistre l'exposé rédigé contre lui, invite le mandataire à lui apporter ses pièces, qu'il examinera et enregistrera volontiers. Ceci avait lieu au mois de mai 1833 ; la Chambre venait de nommer une commission instituée dans les mêmes formalités, avec les mêmes pouvoirs ou promesses que celles de 2 août 1828, dont M. Daru était président. La Chambre élective de 1829 ne promit des fonds, qu'à condition que le livre rouge de la liste civile lui serait communiqué ; cette condition déplut aux intéressés. Charles X, pour garder le secret des décisions rendues par cette commission souveraine, et l'astreindre elle-même au secret, s'engagea dans les journaux dont il était co-propriétaire, de rendre les titres, de faire connaître les décisions, et de liquider de ses derniers et des réserves de l'indemnité, les créances monarchiques et reconnues par la commission du 2 août 1828 ; le terme de liquidation fixé par le Roi, fut la session de 1830, les événemens de juillet ayant suspendu ou annulé la promesse. Au mois de juin 1833, une nouvelle commission législative fut nommée par le Roi, sur un modèle de la première, non pour la continuer, mais pour l'imiter jusqu'à ce jour, dans ses résultats...

L'infortune du Roi déchu excusa son manque de parole; l'insuffisance de la nouvelle liste civile, et les efforts vainqueurs de l'opposition, fournissent au fisc et au pouvoir, une vaste encyclopédie de moyens pour garder le secret, ne payer personne et décréditer la France, l'état et le trône.

M. le préfet saisit un de ces moyens de liquidation effectifs, sans qu'il en coûte en insinuant à son *vérificateur*, l'avis verbal de n'enregistrer que les pièces insuffisantes.

D'une autre part, le fisc supérieur donna à la nouvelle commission, l'avis secret de renvoyer autant qu'elle le pourrait, toutes les affaires de la première commission Daru. L.-A. Pitou, créancier officiel reconnu de l'état et du Roi, continua de s'adresser en même temps au domaine public, et à la seconde commission Bassano. M. le président de cette seconde commission, signa de confiance, une lettre de son incompétence sur les demandes de la première commission; le mandataire et son syndic ayant éclairé la religion de M. de Bassano, le nouveau président prit connaissance des titres, en accusa réception et les recommanda au Roi; mais depuis huit ans et demi, les commissions Daru et Bassano ont le sort du mutisme.

Le texte de la parenthèse mise dans la lettre qui suit, de M. le préfet, fait la part de la *nécessité*, celle du *pouvoir honnête homme et injuste malgré lui*, sous le coup des factions; celle du pouvoir qui s'abriterait des partis, pour quintupler sa puissance, ses trésors et ses domaines.

PRÉFECTURE DU DÉPARTEMENT DE LA SEINE.

Paris, le 3, 4 *décembre* 1833.

A M. Pitou, rue Chabannais, n° 14, *à Paris.*

MONSIEUR,

Mon prédécesseur a communiqué le 17 mai dernier

à M. le directeur de l'enregistrement des domaines, la pétition que vous lui avez adressée à l'effet d'obtenir le paiement des sommes qui vous seraient dues par l'état, à raison de l'exécution d'un mandat secret qui vous aurait été confié en 1790, par la feue Reine Marie-Antoinette, et qui aurait été reconnu et ratifié par Louis XVI, Louis XVIII et Charles X. Mais M. le directeur du domaine, par son rapport du 20 novembre, m'annonce qu'après s'être livré à un examen approfondi de votre affaire, *il a reconnu que la créance que vous réclamez ne saurait dans aucun cas être mise à la charge de l'état.* (*Dans la discussion de cette demande, les contendans pour le pouvoir sont convenus que l'impulsion venait d'en haut et de bien haut, et l'un des contendans a fait une maladie sérieuse de deux mois, avant d'insérer cette assertion*), et qu'elle ne pourrait, dans le cas où elle serait reconnue fondée, être remboursée que par l'ancienne liste civile.

Comme je partage entièrement l'opinion de M. le directeur des domaines à ce sujet, je ne puis, M., que vous engager à vous pourvoir de nouveau et ainsi que vous aviserez devant la commission chargée de liquider les dettes de l'ancienne liste civile.

Vous pourrez, en conséquence, retirer, dès que vous le jugerez convenable, du domaine de ma préfecture, toutes les pièces que vous y avez déposées à l'appui de votre demande, moyennant votre récépissé et celui de M. Peccatte, syndic de votre faillite.

J'ai l'honneur de vous saluer.

Le Conseiller d'État, préfet,

DE RAMBUTEAU.

N°. 24.—M. Pitou ne tient pas cette délibération pour constante; il la rejette au contraire avec énergie, attendu qu'elle repose sur un dire évidemment faux, celui de l'absence des preuves, lorsque toutes ces pièces ont été fournies.

Le Mandataire. N° 24.—M. Pitou soutient par un acte judiciaire du 15 mars 1828, que les deux titres des 9 et 15 novembre de la même année, émanent de ce premier acte, et que celui du 8 février 1829, que vous lui présentez pour la première fois, par un ordre supérieur de la Chambre, le 13 juin 1831, pour annuler les deux premiers, est reconnu faux par ceux mêmes qui le lui présentent. Le pouvoir ou Messieurs les commissaires reviennent-ils sur leur aveu fait à la Chambre élective en 1833, en présence du Roi....?

N°. 25. — La vraie délibération, *dit-il*, celle à laquelle on doit uniquement s'arrêter, c'est la délibération prise le 9 novembre 1828, par le président de la commission, M. le comte Daru, et qui régle définitivement la créance à la somme de 1,515,300 francs.

Le M. — N° 25. — M. Pitou appuie la réalité de ses titres sur une pièce judiciaire, reconnue par votre aveu contre vous-mêmes. Rétractez-vous cet aveu répété plus bas par vous-mêmes, Messieurs, dans le 39me numéro du présent rapport? Votre silence vous condamne, et lorsque le ministre Humann et sa haute administration, déclarent *qu'ils ne rejettent ni contestent notre mandat*, et leur doute affirmatif prouve et avoue : que leur pièce est fausse et la nôtre vraie, et qu'ils n'éludent notre demande, que parce qu'elle rentre en premier ordre et en première ligne dans le département des finances ; car notre mandat est officiellement ratifié ; mais fût-il douteux (pour vous seuls au monde), les actes accomplis par le mandataire, sont bien au-dessus du titre chirographaire du mandat ; ces actes sont commandés par Dieu, par l'état, par la monarchie, à tous les Français; celui qui libère son pays *d'une dette de onze milliards*, est-il créancier légitime du trésor public ? Peut-il être évincé par une fin de non-recevoir par des faux ? Peut-il être condamné depuis huit ans, *à six sous et demi par jour*, *à trois onces de pain et au suicide ?...*

Prouvons ce texte *à l'incrédulité intéressée* de 1830 à 1838, à annuler les titres par tous les moyens.

De 1830, premier juillet, à 1832, j'ai reçu sur ma pension de 1500 francs, de l'ancienne liste civile, constituée à titre onéreux et gage d'une créance de trois cent mille francs, cinq cents francs en 1833, rien en 1834, rien en 1835, jusqu'au neuf décembre, rien.

Pendant trente-cinq mois et neuf jours, M. Humann, sans me connaître, m'a puni d'avoir rejeté comme fausse, la délibération du 8 février 1829, reconnue fausse par les nouveaux commissaires de l'ancienne liste civile, qui me la présentèrent en 1831, et de leur aveu, pour annuler ma créance et faire ressource, je n'ai rien touché pendant trente-cinq mois, neuf jours.

Le ministère Humann constate ce fait par écrit dans le présent rapport, numéros 24, 25, 51, 53 du rapport du vérificateur des domaines, 54, 55, 56 du rapport du directeur de l'enregistrement des domaines.

J'ai reçu du trésor public en totalité, douze cent quatre-vingt-huit francs, dans l'espace de huit ans et demi. Pendant trente-cinq mois et neuf jours que je n'ai rien reçu, il a fallu vivre, éprouver le choléra et venir au secours de ceux qui m'ont sauvé la vie. Les deux sommes reçues en 1837 et 1838, montant ensemble à quatre cent vingt francs, m'ont servi, avec les aumônes que j'ai reçues, (au risque d'être emprisonné pour infraction à la loi contre la mendicité) m'ont servi en 1837 et 1838, à mettre au net, à copier et à faire copier sous mes yeux, pour les trois pouvoirs réunis, *la Pétition et Révélations remises* aux trois pouvoirs, présidens des deux Chambres, les 17, 18, 21 mars 1837, président du conseil des ministres, premier président de la cour royale de Paris, premier président de la cour de cassation; les cours royale et de cassation ont prononcé en ma faveur en 1836, le 11 mars 1836 et 2 mai 1837. (Voir la *Gazette des Tribunaux* de ces époques, numéro du 13 mars 1836 et 5 mai 1837.

Les deux corps législatifs m'ont accusé réception et enregistrement des titres, sous les numéros 163, Chambre des Pairs, 545, Chambre élective.

La demande a été examinée à huit-clos jusqu'à ce jour; la

funeste nécessité enchaîne, dit-on, *la justice*, *et met le scellé sur les lois.*

Au mois de mars et d'avril 1838, j'ai répété la pétition avec de nouvelles révélations, aux trois pouvoirs; je l'ai fait avec la même discrétion. Quand je n'aurais qu'un loyer de cent francs par an, il ne me serait pas resté plus de 350 francs pour vivre, et payer quatorze copies originales de la *Pétition* et *Révélations.*

Mais voici le supplément à cette somme totale, reçue du trésor public, de douze cent quatre-vingt francs, sur ma pension de 1500 francs sur l'ancienne liste civile, constituée spécialement à titre onéreux, comme gage d'une créance de famille, de trois cent mille francs.

A dater du 31 juillet 1834, époque de la reprise de la discussion du traité ratifié des États-Unis, avec lequel ma demande fut classée en 1831. (Voir la suite du texte du mandat, pièce jointe au présent rapport).

J'ai reçu de S. M. Louis-Philippe Ier, sous le nom *de secours*, pour la première fois, *cinq cents francs*, et depuis cette époque jusqu'à ce jour, y compris ce *premier secours*, une somme égale à celle du trésor public, 1288 francs.

J'ai reçu en outre de S. M. la Reine, depuis 1835, la somme de trois cent soixante francs, et de S. A. R Madame Adélaïde, la somme de soixante francs.

Le 13 novembre 1837, le tableau confirmatif de ma pétition et des révélations, ayant été mis sous les yeux du Roi, de Monsieur l'intendant général de la liste civile, et remis au fils de M. le baron Fain, chef de l'administration, par M. Viollet-le-Duc, nommé rapporteur arbitre par Sa Majesté, je reçus de la part du Roi, l'invitation *de demander une existence au monarque.*

Le lendemain, 14 dudit mois, je rédigeai ma demande dans les termes convenus avec M. Viollet-le-Duc, *de ménager les intérêts de la nouvelle liste civile*, *qui est très-insuffisante.*

La requête fut agréée par le rapporteur arbitre; la jeune administration de ce département ayant lu en courant, et les pièces et l'exposé, opinèrent comme les jeunes conseillers de la cour de Roboam. Huit jours après, le digne fils du très-illustre baron Fain, revit les pièces et avoua au rapporteur arbitre, que cette affaire unique et de premier ordre, méritait une sérieuse attention; il fut question de liquider d'abord la pension de 1500 francs, et la somme garantie par cette pension, dans les termes de la transaction consommée en 1817, et suspendue dans son exécution, au moyen des faux et des soustractions de pièces.

Le 22 novembre 1837, L.-A. Pitou reçoit du Roi un bon de secours de 150 francs, sur la liste civile de Sa Majesté. Cette somme fait partie de celle de 1288 francs, énoncée plus haut.

D'après l'allocution du rapporteur arbitre, du 20 novembre de ladite année, le mandataire prend *ce bon de secours* pour une promesse, et une invitation à la patience.

Au 15 et 30 décembre, il répète son exposé, l'explique, le motive, demande une audience au pouvoir, et s'engage à prouver mathématiquement, comme il l'a fait sans relâche, au Roi et au ministre Humann, depuis le 19 mai 1834, que sa demande, loin d'être onéreuse au trésor public et à la liste civile, peut être liquidée sans bourse délier, par des moyens légaux et légitimes, et en sus, faire rentrer au trésor public et à la couronne, dix à douze millions. Ces deux mémoires restent sans réponse, malgré les instances du mandataire; au mois de février, mars et avril, celui-ci répète aux trois pouvoirs la pétition de l'année précédente, et l'accompagne de nouvelles révélations qu'il remet lui-même avec la discrétion qui accompagna les précédentes.

De 1830 jusqu'au 8 avril 1834, la révolution, plus acharnée que jamais contre le trône, dans la personne du Roi qu'elle a choisi, s'est étudiée à briser toutes les colonnes de l'édifice, pour ensevelir l'occupant sous les décombres. Quatre jours avant la seconde guerre civile, la Chambre élective adopte une loi empreinte du génie de l'époque, sur le mode de liquidation de l'ancienne liste civile; la loi adoptée et promulguée reste pendant quatre ans sans exécution. Après bien des orages aux mois de mai et juin 1838, les pouvoirs s'entendent et se font des concessions pour le réglement des comptes entre le trésor public, l'ancienne et la nouvelle liste civile, depuis 1830 jusqu'en 1838. Les 8, 9 juin, 13, 19 juillet, Sa Majesté et M. l'intendant de la liste, par l'organe du rapporteur arbitre, ont été informés du rappel motivé, *d'une existence indiquée* au mandataire, par ordre du Roi.

Le 26 juillet 1838, la demande est répondue par *un* bon de secours *de cent francs* sur la liste civile.

Dans son remerciement au Roi, à M. l'intendant de la liste civile, L.-A. Pitou distingue avec respect un *bon de secours*, *sans désignation de somme et d'époque, de l'accord d'une exis-*

tence qui, loin de *gréver* ni le trésor public, ni celui de la couronne, ni celui du Prince, fait rentrer des fonds par des voies légales et légitimes, et sans bourse délier; les observations des 3, 5, 7 et 24 août, adressées au Roi, sont lues et non répondues.....

Le 19 septembre 1838, un très-proche parent de M. l'intendant général de la liste civile, ménage à ce sujet une audience à Louis-Ange Pitou, auprès de M. le comte de Bondy. Le mandataire veut résumer ce qu'on vient de lire : chaque mot est répondu par ces paroles : Le Roi est maître de sa liste civile ; il en dispose comme bon lui semble ; il n'en doit rien à personne. — Monseigneur, *un secours n'est point une existence.* — Il n'en doit rien à personne. — Monseigneur, une demande appuyée sur des révélations qui constatent une soustraction de 167 pièces originales, faite par le pouvoir, dans le dossier du pétitionnaire, mérite quelque attention, lorsque cette soustraction a lieu pour annuler la créance. — Le Roi ne doit rien; votre dette regarde l'état. — Monseigneur, de 1805 à 1814, et de 1814 à 1830, des hommes du fisc et de l'émigration, placés au trésor et à la liste civile, en balotant les créanciers de l'état, et se partageant le gâteau malgré l'Empereur, malgré le Roi, envoyèrent l'un mourir à Sainte-Hélène, et l'autre à Goritia, dans les bois du Frioul. — Allons, Monsieur, finissons-en, on attend. — Monseigneur, en 1832, un préfet de la Seine refusa de voir un pétitionnaire, et de recevoir ses titres ; cet homme s'adressa au Roi, au ministre de la justice et aux Chambres législatives ; le Roi, le garde des sceaux et les Chambres lurent les pièces et les enregistrèrent ; cinq jours après, le préfet enregistra la pétition et redemanda les pièces au pétitionnaire, pour les enregistrer. Monsieur l'intendant promet de revoir les titres ; point de réponse jusqu'à ce jour.

Le syndic, les créanciers et le pétitionnaire ne changent rien à leur marche, à leurs propositions, à leurs principes; ils évitent le scandale et décident que le Roi, le ministre des finances, Monsieur l'intendant général de la liste civile, le rapporteur arbitre, le président du conseil, le ministère, les préfets de Police et de la Seine, M. le procureur du Roi, recevront les premiers imprimés de ces révélations.

Ce moyen d'éclairer le pouvoir est l'avis de monarchistes purs, de ministres des autels du siècle de Bossuet, de Fénélon, de Bourdaloue, convaincus que tout pouvoir et toute légitimité émanent de Dieu seul ; de vieux guerriers sans reproche et sans peur, chevaliers dignes de défendre le temple de Dieu, la personne et le palais des Rois, sont dans les mêmes principes; des fonctionnaires publics qui honorent leur poste en servant le Roi comme ils servent le souverain maître, ayant lu les titres, aident, guident, encouragent le mandataire et modèrent l'impatience des créanciers.

Il s'agissait de trouver un typographe, connu par ses talens, sa discrétion, ses principes et la direction de son établissement; ils ont trouvé cet homme; il les a compris.

Comme pétitionnaires, la publicité leur est acquise; comme amis de la religion, de leur pays et du monarque, ils veulent que le pouvoir et le gouvernement, intéressés dans cette demande, en soient informés les premiers, et qu'ils en profitent.

N°. 26.—Le sieur Pitou produit une copie de cette dernière délibération, (*Voir pièce numéro* 29), *dont la minute doit exister*, dit-il, *dans les archives de la commission*; et de plus un long écrit qu'il intitule: *Historique des deux décisions opposées et contradictoires de la commission des dettes Royales*, (*Voir pièce numéro* 10).

Le M. — N° 26. — Ce n'est qu'après une lutte de trois mois, que vous avez été amené par le mandataire, à enregistrer et à produire ses titres, que vous aviez l'ordre de passer sous silence, et que vous dénaturez encore autant que vous le pouvez.

N°. 27. — Par cet historique, M. le comte Daru classe les dettes royales en deux séries: celles contractées librement en France, et celles contractées à l'étranger. Les princes doivent faire de ces dernières leur chose personnelle. Quant aux premières, voici de quelle manière il s'explique. (*Voir page* 14 *de l'historique*).

Le M. — N° 27. — Le comte Daru, en classant les dettes

nationales et monarchiques , et celles de l'émigration, d'après le dossier de L.-A. Pitou, vous indique les actes accomplis par ce mandataire.

N°. 28— «Les dettes royales *consenties librement* en France par Louis XVI, depuis 1789 et avant la première constitution de 1791, sont un contrat fait avec l'état pour le maintien ou le retour de la prérogative royale monarchique; ces créances, une fois admises avec le principe de la dette reconnue, sont imprescriptibles.»

Le M. — N° 28. — Ouvrez le dossier secret, pièce numéros 5, 6, 7; ce dossier a été produit à Charles X, en 1828; comparez la division des dettes de l'une et l'autre époque de 1792 et 1830.... et prononcez si le même mandataire n'a pas rempli son mandat, dans l'intérêt moral et pécuniaire de l'état et du monarque.

N°. 29. — La créance du sieur Pitou devait être classée dans la première série, et un titre de garantie lui était promis.

Le M. — N° 29. — Il lui a été donné; vous venez de l'enregistrer numéros 24, 25, 26; ou ces actes produits par Pitou sont supposés, et il est un faussaire, et la délibération du 8 février 1829, arguée de faux par Messieurs les commissaires et par le titre judiciaire du 15 mars 1828, est réelle; prononcez; vous éludez et vous doutez, Messieurs... Nous ne doutons pas, nous, et nous prononçons hardiment contre vous.

N°. 30. — L'autorité de M. le comte Daru étant d'un grand poids, le pétionnaire insiste surtout pour qu'on donne une attention particulière aux détails contenus dans l'historique des travaux de la commission (*pièce numéro* 10), pour qu'on veuille bien se pénétrer de la distinction qu'elle établit entre les engagemens, pris à l'intérieur par le prince et ses engagemens politiques; comme aussi se pénétrer de la définition et de la mission du mandat qui lui fut conféré; c'est parce que le sieur Pitou attache un grand prix à l'opinion de M. le comte Daru, que j'ai cru devoir m'appesantir sur ce point.

N°. 31.—Au surplus, M. le comte, je ne dois pas vous laisser ignorer que c'est sous la dictée de M. le comte Daru, que le sieur Pitou aurait écrit ce long historique; je ne veux pas suspecter la bonne foi de M. Pitou; je le tiens au contraire pour un homme d'honneur, incapable d'avancer un fait qui ne reposerait pas sur la vérité; mais je suis forcé de dire que le décès de M. le comte Daru est pour M. Pitou une circonstance bien malheureuse; car, dans une affaire aussi délicate, bien des renseignemens auraient été nécessaires.

« Le M. — N° 31. — M. Louis-Ange Pitou, *dit le rapporteur*, « est un homme d'honneur incapable de trahir la vérité comme « feu son co-mandataire secret, assermenté au même titre, en « 1828 et 1829, auprès du Roi Charles x, que L.-A. Pitou « auprès du roi Louis xvi et de ses successeurs; Monsieur Daru « meurt en 1829, après avoir confié sous serment au mandataire de Louis xvi, un secret inviolable sur le compte de Charles x, jusqu'à la mort de ce prince. »

Les faussaires nous disent tout bas, par l'organe d'un rapporteur honnête homme, chargé de leur cause malgré lui :

« M. Pitou, vous êtes un homme d'honneur et véridique. — « Oui, *Messieurs, et vous?* — Monsieur Daru étant mort, vous « restez seul auteur et garant des actes et des explications que « vous donnez sous son nom; et ces actes entre vos mains sont « en blanc; *testis unus*, *testis nullus* : nos registres sur ce point « doivent décider entre vous et nous. — Vos registres, Messieurs, sont-ils moins dociles à vos mains et à vos vœux, que « ceux de vos prédécesseurs? Qui de nous, Messieurs, a présenté

« des pièces fausses à sa partie adverse ? Qui de nous a fait « attendre, malgre la décision de la Chambre élective du 7 « décembre 1830, et l'ordre du président du conseil des ministres « de 1830, jusqu'au 13 juin 1831, *cette délibération du 8 février* « *1829* ? *Qui de nous* , à la vue du titre judiciaire du 15 mars « 1828, principe de la *délibération, de la décision et du contrat* « *synallagmatique* des 9 et 15 novembre 1828, rédigés par « feu monsieur le comte Daru, s'est écrié : *tous vos titres sont* « *réels et le nôtre est faux.* »

« Monsieur Daru ne nous a donné que la copie de l'original « des titres judiciaires et administratifs des trois examinateurs « de notre dossier, que la copie de l'original du ministre secré- « taire d'état, ministre du Roi et du monarque ; au lieu d'un « seul témoin, tous les pouvoirs sont nos originaux et nos « garants. »

Ai-je trompé votre attente? Vous demandez plus de détails, vous en aurez. Ce que vous venez de lire est extrait de la *pétition* et des *révélations*.

L.-A. PITOU,

Rue Saint-André-des-Arcs, n° 9.

Maison CHARDIN-HADANCOURT.

Paris, fin janvier 1839.

Imprimerie de Herhan et Bimont, rue du Caire, 32.

PÉTITION

ET

RÉVÉLATIONS

INTRODUCTION.

Dieu... les lois divines et humaines... la France et la conscience universelle du monde entier, nous ordonnent d'adresser simultanément cette cause unique et ces révélations aux pouvoirs exécutif, législatif, judiciaire, réunis.

De les adresser aux législateurs et aux juges suprêmes, administratifs et judiciaires ; Conseils *de Cabinets*, *des Ministres d'État*, cours *de Cassation et Royale*, et de les faire précéder d'un résumé méditatif.

Cette même lettre a été adressée au Président du conseil des Ministres et aux Présidents des Cours de Cassation et Royale.

Nous obéissons dans un saint tremblement de respect....

Voici le résumé méditatif.

Des vérités redoutables sont adressées aux *deux Chambres législatives et aux trois pouvoirs réunis*, par des exposans officiellement accrédités et garantis par les pouvoirs responsables.

Ces révélateurs joignent à ce mémoire (pétition) *le texte de leur mandat*, la *ratification officielle de ce texte, et celle de la créance qui en résulte.*

Le *pouvoir responsable* qui enregistre ces pièces déclare que les copies ci-jointes sont conformes aux originaux qui lui ont été présentés par le mandataire.

Pour fixer l'attention, aider la mémoire, classer les actes, leur discussion et leurs rapports entre eux, nous avons rappelé et réuni sous un numéro tous les paragraphes relatifs au même objet, à la même question, au même point de fait.

Les numéros 1 *et* 2 justifient *ce résumé et tous les titres mis en tête.*

Le numéro 3 commence les révélations.

Le numéro 4 trace les conséquences de *ces révélations.*

Les numéros 5 *et* 6 sont la clef de ce qui précède, ils se lient *au numéro* 3 auquel ils font suite. Ils sont la preuve l'un de l'autre.

Le numéro 7 se lie au *numéro* 4 auquel il fournit la preuve et la conséquence de la fermeture faite aux demandeurs de tous les sanctuaires de la justice, cause unique recours aux trois pouvoirs.

Le numéro 8 se lie aux *numéros* 7 *et* 17, il classe au rang des traités, le mandat délivré par S. M. Louis XVI, en 1790, à L.-A. Pitou, officiellement reconnu en 1828 par écrits, *mandataire national, monarchique et créancier de l'État et du Roi.*

Le numéro 9 prouve la contradiction du pouvoir avec le pouvoir, et son opposition avec lui-même.

Les numéros 10 jusqu'à 17, prouvent ces contradictions et les conséquences qui en résultent.

Les numéros 18 *et* 19 sont le tableau de notre position actuelle et de celle du *Prince*, ils renvoient au texte et au numéro 48.

Les numéros 20 *et* 21 font suite aux précédents ; ils en démontrent les funestes conséquences ; ils indiquent les moyens de les éviter.

Les numéros 22 et 23, texte et notes, justifient l'importance et l'exécution religieuse du mandat, le silence et l'oubli de la transaction proposée seraient *l'assentiment donné par les trois pouvoirs réunis* à la publicité de ces révélations et de celles qui ne peuvent encore être écrites que d'après cet *assentiment.*

Les numéros 24, 25 et 26, texte et notes, se lient aux précédents et les confirment dans l'intérêt de l'état et du Prince, le mandataire se refuse à croire que le *pouvoir irresponsable* cédant *à une funeste nécessité* qui amènerait sa ruine et une révolution, se serait réfugié jusqu'au moment de sa retraite, sous l'égide responsable de M. Humann, pour faire ressource avec le trésor public.

Les numéros 27 jusqu'à 30 exclusivement, texte et notes, sont la suite des précédents.

Le numéro 30 : le silence de la Chancellerie qui coïncide avec les mesures du chef des finances de

1834 à 1836, pour fermer toutes les issues de la justice aux pétitionnaires, légitime leurs recours *aux deux Chambres et aux pouvoirs réunis*; il ramène à la pensée du *sinistre* indiqué plus haut, à *l'article Humann*...

Le numéro 31 éloigne cette funeste pensée....

Le numéro 32 disculpe du mieux qu'il peut, l'administration et le pouvoir responsable.

Le numéro 33, texte et note, lie et confirme ce qui précède avec ce qui suit.

Le numéro 34 juge la cause souverainement et sans appel.

Les numéros 35 jusqu'à 39 inclusivement, fournissent les titres et toutes les pièces de ce jugement sans appel....

Les numéros 40 et 41 perdraient toute leur énergie par l'analyse, les révélations qu'ils contiennent réclament le texte pur et simple.

Les numéros 42 et 43 confirment *le numéro* 9 sur la contradiction du pouvoir avec le pouvoir opposé à lui-même dans la même passe, à la tête du même département.

Le numéro 44 confirme la conclusion *du numéro* 30.

Le numéro 45 fait le rapprochement de la remise du portefeuille des finances à M. Humann, par son prédécesseur. Ce dernier ministre n'aurait-il pas besoin du Bill d'indulgence de son prédécesseur?...... Renvoi *aux numéros* 11, 12, 13, 14, 15, 51, à la pièce *du numéro* 10 des titres du résumé du dossier.

Le numéro 46 pose la question : pourquoi cette affaire n'est-elle pas terminée ? sa solution dépend-elle du pouvoir responsable ou irresponsable, ou *des trois pouvoirs réunis ?*

Les numéros 47 et 49 se réunissent *aux numéros* 9 *et* 10... Depuis onze ans le pouvoir opposé à lui-même, menace les pétitionnaires *de les débouter de leur demande s'ils s'adressent à la justice*, en même temps qu'il leur *promet son appui, s'ils veulent y recourir !.....*

Le numéro 48 rappelle le texte *et les numéros* 17 *à* 22 inclusivement, *et* 39 *à* 46..... De l'avenir du Roi dépend le nôtre et celui de la France. Qu'avons-nous fait depuis 1830 ? Que devons-nous faire pour fixer cet avenir ?...... En quoi cette question de premier ordre se lie-t-elle à cette pétition ?....

Les numéros 50 *et* 51 résument le tout. La mise à exécution d'une loi draconienne contre les dix mille titulaires de l'ancienne liste civile, fournit à M. le Procureur du Roi le moyen d'indiquer aux pétitionnaires à quelles formes, à quels juges, à quelle justice, ils doivent adresser leur demande.

L.-A. PITOU.

Paris, ce vendredi 17 *mars* 1837.

A M. Dupin, *président de la Chambre des Députés.*

Le très illustre Président de la Chambre des Députés n'a plus rien à demander à la fortune, à la gloire, à la célébrité, premier organe de l'un des trois pouvoirs constitutifs de la monarchie et de l'État ; la France lui demande son assentiment comme Président de l'assemblée et comme l'un des premiers magistrats de la cour suprême, régulatrice de tous les droits, pour l'aider à replacer dans leur ordre naturel, les hommes, les lois, la justice, les pouvoirs, en leur inspirant le désir, le besoin, la nécessité d'une dépendance mutuelle.

Si comme homme ou comme jurisconsulte, M. Dupin examine les révélations qui lui sont adressées pour lui d'abord, ensuite pour la Chambre qu'il a l'honneur de présider, pour l'État, pour le Roi ; M. Dupin ne consultant que ses lumières et sa conscience, a le droit de s'interposer avec une humilité profonde et sincère, pour médiateur comme organe de celui qui distribue les talens et les couronnes.

Dans ce moment d'épreuve pour la France, pour l'Europe, pour le monde entier, le plus grand bienfait et la plus grande faveur de la providence à l'égard des organes des trois pouvoirs, est de les placer au-dessus de l'influence de leurs adversaires, de celle de leurs ennemis, de celle de la funeste séduction de leurs faux amis.

Dans la lecture de ces révélations du premier ordre, le très célèbre président de la Chambre des Députés s'arrêtera à ce texte *du numéro* 48. *De* 1826 *à* 1836 (*et* 1837), *la position n'a changé en rien pour le personnel des deux rois : l'un a succombé sous le fardeau, l'autre a été assez adroit pour l'allégir sans le déposer, assez heureux et assez brave pour ne pas trébucher dans sa route....* Ce qui précède ce texte explique comment *ce fardeau a été allégi*, ce qu'il en coûte chaque année et chaque jour à l'État et à la monarchie pour cet *allègiment.* (Excusez mon néologisme ou mon barbarisme, mais ce mot étranger exprime toute mon âme et toute ma pensée.) Si le chef de l'État *a été assez heureux et assez brave pour ne pas trébucher dans sa route*, pouvons-nous compter sur la continuité des miracles qui, notamment depuis quatre années, l'ont préservé à toute heure jusqu'à ce jour, du glaive des régicides ?..............................

.... Un simple particulier, environné d'un pareil nombre d'assassins, serait efficacement protégé par les lois et par l'État, lors même que la société aurait la conviction de la justice des griefs que ses ennemis auraient contre lui...................................

.... Ces révélations me dispensent d'entrer dans des détails qui seraient des redites... *Les numéros* 22, 40, 41, 48, 50, 51 sont suffisants pour le posé de cette affaire de premier ordre ; ils sont suffisants pour le mode de son examen, de sa discussion secrète ou publique, et de sa décision.

Je suis en mon particulier comme mandataire et honoré de la confiance du syndic et des créanciers, avec respect,

M. le Président,

Votre très-humble serviteur.

L.-A. PITOU.

Samedi, 18 mars 1831.

A M. le duc de Cazes, grand Référendaire de la Chambre des Pairs.

Depuis 1815, je n'ai vu qu'une fois M. le duc de Cazes, et je n'ai jamais cessé d'honorer et d'aimer en lui le sincère et fidèle serviteur de son pays et de son roi. En 1816 et surtout en 1820, après *le 13 février*, j'ai apprécié le courage, la patience et la discrétion de M. de Cazes; en 1816, 1820, 1822, 1825, 1826, dans tous mes mémoires de ces époques, j'ai rendu à M. de Cazes le témoignage que lui rendit le roi Louis XVIII, jusqu'à son dernier soupir.

Si Charles X et les siens avaient été moins aveugles et moins ingrats, ils auraient évité à la France la catastrophe du 29 juillet.

RÉSUMÉ MÉDITATIF.

En 1830 et 1831, M. de Cazes, à la place de M. le comte de Montalivet, se fut sacrifié de même pour ce ministère Polignac qui, six mois auparavant, avait dicté contre M. de Cazes au colonel Saint-Clair, la révélation calomnieuse adressée aux deux Chambres sur les auteurs de l'assassinat du duc de Berry, en 1820.

A l'opposé, c'est sous le couvert de M. le duc de Cazes que j'adresse ces révélations à la très-noble Chambre. Si M. le grand Référendaire veut bien en conférer avec son très-digne prédécesseur, il saura quelle confiance méritent l'auteur et l'écrit.

Puissent tous les cabinets formés par le roi de 1830, partager les principes et le dévouement sincère, national et monarchique de M. le duc de Cazes, ils serviront l'État et le monarque avant l'homme et le prince, toujours pour lui-même et malgré lui-même.

Les révélations ci-jointes préluderont des évènemens sinistres ou heureux, elles seront méditées par M. le duc de Cazes et par la très-noble Chambre... Le mandataire offre respectueusement les révélations qui lui seraient demandées.

L.-A. PITOU.

Révélations législatives et judiciaires à la très-noble Chambre.

Samedi, 18 *mars* 1837.

C'est sous le couvert de M. le grand Référendaire, que les révélations ci-jointes et les pièces à l'appui sont adressées à cette noble Chambre, à qui la France a dû son salut et l'intégralité de son territoire, avant comme après le 29 juillet 1830.

De 1825 à 1827, tandis que l'un des deux pouvoirs législatifs traînait le roi Charles x dans le goufre de l'émigration, l'autre l'en arrachait.

De 1827 à 1830, les vrais amis du monarque étaient dans la très-digne Chambre des Pairs, sourde aux flatteries de la cour et aux menaces des anarchistes.

Provoquée, mutilée, diffamée en 1830 et 1831, elle a honoré et préservé la morale, la religion, la monarchie, aux dépends de ses jours et du sacrifice de ses collègues.

En 1835 et 1836, il n'était donné qu'à elle d'avoir le courage de juger les conspirateurs républicains et les régicides.

En 1834, lorsque la Chambre des Députés eut voté la loi du 8 avril, sur le mode de liquidation des titulaires de l'ancienne liste civile, cette première velléité de retour vers le bien, empreinte des principes de la révolution du 13 dudit mois et de la même année, jugée très-distante de la probité, par les nobles pairs, fut acceptée *comme un provisoire de justice.*

D'après ces données, nous appelons une seconde fois l'attention des nobles Pairs sur les révélations ci-jointes, le dossier leur fut remis et recommandé en 1834 par M. le marquis de Semonville............ ..... De 1834 à 1837, des siècles d'évènements se succèdent, où nous replacent-ils ?.... Si la position personnelle du roi Charles x, de 1826 à 1830, est la même que celle du roi Louis-Philippe, de 1830 à 1837, le concours des trois pouvoirs est indispensable pour nous arracher de dessus le cratère du volcan..... *Les numéros* 22, 40, 41, 48, 50, 51 de ces révélations, peuvent y contribuer en ralliant les principes et les intérêts de vingt millions de Français, à ceux de l'état et du monarque.

Je suis, etc.

L.-A. PITOU.
Rue Saint-André-des-Arts, n° 9.

Paris, 18 mars 1837.

PÉTITION

ET

RÉVÉLATIONS

AVEC PIÈCES A L'APPUI.

Remises en 1837 et 1838 aux deux Chambres législatives et aux trois Pouvoirs réunis.

Par Louis-Ange PITOU,

Rue Saint-André-des-Arts, n° 9,

PARIS.

Législateurs,

N° 1. —— Nous adressons avec confiance et respect aux deux chambres législatives, judiciaires ici, et aux trois pouvoirs réunis à elles, cette pétition, ou plutôt ces *révélations* et ces actes extraordinaires, émanés des trois pouvoirs, tyrannisés *par une funeste nécessité*, dont l'empire peut être anéanti, ou du moins modéré par les deux Chambres, auxquelles les pouvoirs responsables et irresponsables s'unissent toujours de cœur et d'action.

Posons le fait principal ; il justifiera tous les titres mis en tête de *ces révélations*.

N° 2. —— Un mandataire secret et officiel créancier de l'état et du Roi, dont le mandat et la créance sont réglés, garantis et ratifiés *officiellement*, *administrativement*, *judiciairement* et conjointement avec lui, le syndic et les créanciers du susdit titulaire sont engagés, sollicités, autorisés par le pouvoir responsable et irresponsable, à recourir à votre examen et à votre justice.

Législateurs, cette cause unique et extraordinaire est digne de toute votre attention...

La prudence des exposans leur a fait une loi de ne donner jusqu'à ce jour qu'une publicité circonspecte aux développemens de leur demande. Jugez-en par ces actes écrits, accusateurs du pouvoir, délivrés aux exposans par le pouvoir lui-même.

N° 3. —— *Ministère des Finances, affaire Pitou.*

« Rapport du Préfet Comte de *Rambuteau*, et du « directeur des domaines et de l'enregistrement « *Dochereau*. Rapport du 20 novembre 1833. *Paragraphe* 39.

« Si d'ailleurs on veut se faire une idée de tout « ce qu'a entrepris le sieur Pitou pour parvenir à « la liquidation de sa créance, on n'a qu'à se reporter « à l'état ci-joint de toutes les pièces qu'il produit, « encore n'est-ce que la moindre partie de celles « qu'il a déposées dans les bureaux et dont le nombre dépasse celui de 260. »

« *Je dois dire que si le sieur Pitou a fourni une aussi* « *ennuyeuse quantité de pièces, c'est qu'elles ont été bien* « *des fois ÉGARÉES.* »

Le syndic et le mandataire réclamaient le terme technique. Il leur a été répondu : ce terme *égarés de convenance d'administration à administration, signifie tout ce que vous demandez.*

Le pouvoir a été amené à donner cet aveu par écrit contre lui, *par la pièce judiciaire du* 15 *mars* 1828, *qu'il a enregistrée (sous le numéro* 22 *des pièces.)*

N° 4. --- Le chef de l'état, les ministres, les tribunaux ayant prononcé en eux-mêmes en faveur de la demande, par *une funeste nécessité*, née des circonstances et des évènemens, tous ces pouvoirs, de leur aveu, ont suspendu malgré eux provisoirement aux exposans, leur admission à la justice du droit commun, comme à celle des conseils de cabinet des ministres et d'état.

Législateurs, daignez lire et juger sur faits et articles qui vous seront remis par le pouvoir lui-même...

Les titres à l'appui sont tous enregistrés au ministère des finances ; ils vous seront produits par ce secrétaire d'état et par ses collègues, dans l'ordre qui suit :

1° Le texte du mandat.

2° Les actes officiels de la ratification de ce titre et de la créance qui en résulte.

3° La preuve judiciaire de la garantie donnée à cette créance et au mandataire Failli en nom pour son mandant.

1° Le texte du mandat enregistré page 9 de la *pièce numéro* 8.

2° Les actes officiels de la ratification, enregistrés pièce numéro 2.

3° La preuve judiciaire, enregistrée *pièce* numéro 22.

N° 5. --- Les rapports du ministère, paragraphe 22 et 23, rappellent la commission Daru, instituée le 2 août 1828, et mettent en regard sous les numéros 5, 10 et 29 de leur enregistrement, les trois titres émanés de cette commission. Les trois titres sont en blanc.

Ceux enregistrés numéro 29 datent *des* 9 *et* 15 novembre 1828.

Celui enregistré *numéro* 5 date du 8 février 1829.

Le texte de celui-ci, contradictoire aux deux autres, indique un faux de la part du mandataire, ou une pièce supposée délivrée le 13 juin 1831, par les nouveaux commissaires de l'ancienne liste civile, *cédant à la funeste nécessité des événemens.*

N° 6. —— Au vu de la pièce judiciaire enregistrée numéro 22 et indiquée ci-dessus numéro 3, les commissaires sont convenus devant le syndic et le failli en nom, devant le roi et devant la Chambre des Députés, que cette pièce du 8 février 1829, qu'ils ont présentée le 13 juin 1831, *contient plus de faux que de mots, que cette pièce a été produite pour faire ressource, et qu'elle valide et reproduit les deux titres opposés des* 9 *et* 15 *novembre* 1828, *titres que Messieurs les commissaires disent ne pas retrouver.*

Le pouvoir qui en était le seul notaire dépositaire en 1828 et 1831, avait intérêt à les faire disparaître.

Question jugée par le 39me paragraphe du rapport du 20 novembre 1833....

Le premier paragraphe du rapport des finances contient cet aveu des commissaires, dans la pétition adressée aux Chambres législatives, signée Peccatte et Pitou, *enregistrée numéro* 1.

En 1831, d'après cet aveu fait au syndic et au failli par Messieurs les commissaires, pour éviter le scandale, le ministre des finances s'adjoint à ces messieurs, et demande au conseil des Ministres, présidé par M. Perrier, le Roi assistant, l'autorisation de liquider la créance Pitou.

N° 7. — (Voir n° 4; preuve et conséquence du n° 4.) Le président et le chef de l'état répondent : « Cette demande est une affaire de cabinet de premier ordre, au-dessus d'une fraction du pouvoir ; « elle sera réglée plus tard quand les Chambres « accorderont des fonds. »

Voilà *cette funeste nécessité des évènemens* qui, d'après la production de titres supposés, faite par les nouveaux commissaires de l'ancienne liste civile, de l'aveu du pouvoir responsable et irresponsable, le réduit à suspendre malgré lui provisoirement l'admission des exposans à la justice du droit commun des tribunaux, comme à celle des conseils de cabinet, des ministres et d'état !.....

N° 8. — 7, 8 et 17. A la même époque de 1831, la demande Pitou et le traité *des États-Unis* classés dans le même département, sont *ratifiés et ajournés jusqu'au moment où les Chambres accorderont des fonds*.

N° 9. — En 1833, M. le Préfet et le ministère des finances sont les avocats de la demande Pitou. (*Rapport du* 20 *novembre* 1833, *paragraphe* 55, 56.)

« La commission se trouve avoir à répartir un « fonds législatif de deux millions cinq cent mille « francs entre les créanciers, et de trois cent mille « francs entre les pensionnaires les plus nécessiteux « de la liste civile de Charles X, et à ce double « titre, M. Pitou doit exciter d'autant plus l'intérêt « des commissaires répartiteurs, qu'il n'a reçu depuis trois ans qu'une somme *de cinq cents francs*; « ce qui importe surtout au pétitionnaire, c'est de « mettre un terme aux trop vives instances de ses « créanciers, c'est de se relever d'une condition, « celle de *failli*, toujours pénible pour l'honneur. »

La loi du 8 avril 1834, par son article premier,

prononce *que l'ancienne liste civile sera liquidée pour le compte et aux frais de l'état.*

N° 10. — En 1828 comme en 1833, M. Pitou et ses syndics se sont adressé simultanément par ordre du Roi, au domaine public et aux deux commissions Daru et Bassano. Le pouvoir qui nommait ces commissions qualifiait leurs décisions *souveraines* ; les gouvernemens de 1828 et de 1830 scellent du même secret les décisions des deux commissions...... *par l'ordre d'une funeste nécessité*..

Le ministre des finances de 1834 est opposé au ministre de 1831 et à son ministère de 1833.

En 1831, le ministre des finances et les nouveaux commissaires de l'ancienne liste civile, demandaient l'autorisation de liquider M. Pitou. (Voir ci-dessus numéros 6 et 7.) La loi du 8 avril 1834 est précise en sa faveur : pour se soustraire à la liquidation, le ministre des finances fait faire un faux enregistrement des titres, et décide en secret conséquemment au faux qu'il a commandé *sous l'empire d'une funeste nécessité*.

Il est affligeant pour la justice et pour l'honneur de songer aux moyens que le chef des finances, qui n'a de prévention contre personne, a mis en œuvre depuis 1834 jusqu'à sa sortie du ministère, 21 janvier 1836, contre le mandataire et ses créanciers, et contre les titulaires de la couronne et de la liste civile ; il a fallu pour conserver leurs places, que ses subordonnés, sans égard aux pièces, donnassent en leur nom les conclusions qui leur étaient imposées, qu'ils traitassent *de bagatelles les faux et les soustractions de titres,* qu'ils confondissent la lumière avec les ténèbres, le mensonge avec la vérité.

N° 11. — En 1834, les deux mille titulaires de la caisse de vétérance se sont adressé à la justice des tribunaux du droit commun, pour faire liquider leurs pensions dont ils ont fourni les capitaux pendant trente ans. Un conflit les distrait de leurs juges et les replace dans le domaine de Monsieur Humann, qui prononce d'après *les lois de la funeste nécessité*.

N° 11 et 12. — L.-A. Pitou, mandataire officiel de l'état et du Roi, depuis 1790 jusqu'à 1834, a 44 ans de services à la caisse de vétérance; ses honoraires ne lui ont été payés que jusqu'au premier août 1792... Il a également une pension à la liste civile; cette pension est spécialement constituée à titre onéreux par les rois Louis XVIII et Charles X, par le ministre secrétaire d'état, duc de Doudeauville; en 1835, les trois rapporteurs de son dossier ont constitué le titre de cette pension, ensemble avec ceux de son mandat et de sa créance. Le chef des finances biffe ces titres, biffe le rapport de son ministère du 20 novembre 1833, nie et altère le texte du mandat, opère un faux enregistrement, et prend une décision qu'il a tenue secrète jusqu'à ce jour, pour le syndic en titre et en nom. Entre mille autres, voilà de ces irrégularités dont nous demandons le redressement aux deux Chambres et à tous les pouvoirs réunis.

D'après le conflit qui arrête le cours de la justice du droit commun, pour les deux mille titulaires de la caisse de vétérance : si Louis-Ange Pitou et son syndic attaquaient le domaine public devant les tribunaux, comme créancier de la caisse de vétérance exclus par un faux enregistrement de ses titres et par la soustraction des pièces du dossier; le chef des finances s'autorisant du secret du mandat, *ne manquerait pas de dire que cette affaire secrète n'est pas de la compétence du droit commun*. S'ils demandaient

2

aux tribunaux la liquidation de la créance acquise par la ratification du mandat, le même chef des finances « armé d'un conflit, dirait que les mandats « secrets élevés au-dessus du droit commun, sont « de la compétence seule des conseils de cabinet, « des ministres, et d'état. »

En présence des deux Chambres et des trois pouvoirs réunis, le paragraphe 39 du rapport du ministère des finances et la pièce judiciaire du 15 mars 1828, nous relèvent de votre interdiction et vous enjoignent de retrouver toutes les pièces requises, pour nous ouvrir les sanctuaires de la justice que vous prétendez nous fermer. Voyons d'abord la loi du 8 avril.

Loi du 8 *avril* 1834, *relative à la liquidation de l'ancienne liste civile, adoptée par les deux Chambres et promulguée. Bulletin* 115, *numéro* 260.

Art. Ier. — L'ancienne liste civile sera liquidée pour le compte et aux frais de l'état.

« Un mandataire secret et officiel reconnu créancier de l'état et du roi, qui, par les actes de son mandat, a libéré son pays d'une dette de onze milliards, est le premier en tête des créanciers nationaux et monarchiques; ces actes et ces titres officiels ont mis l'état en possession des articles 2 et 3 ci-après. »

Art. II. — Tous les biens meubles et immeubles acquis aux frais de la liste civile pendant le règne de Charles x, sont unis par l'effet de la déchéance, au domaine de l'état.

« Le premier titulaire de ces biens est le mandataire national et monarchique, garanti par l'état devant les tribunaux, (interrogatoire du 15 mars 1828.) en tutelle, parce qu'il est en faillite pour son mandant, l'état qui s'est constitué en justice son répondant et son tuteur. (Interrogatoire du 15 mars 1828, pièce judiciaire en tête des révélations.) »

Art. III. — L'usufruit réservé par Charles x, dans la donation authentique du 9 novembre 1819, par lui consentie à son fils, le feu duc de Berry ne fait point partie du domaine de l'état; en conséquence, l'administration des domaines comptera à qui de droit des revenus perçus par elle.

« Le mandataire en faillite et en minorité a deux tuteurs; l'état par le ministre des finances, et par les anciens et les nouveaux commissaires de la liste civile, répondants en justice pour leur mandataire de la faillite diplomatique dudit mandataire, dont toute la fortune repose dans le texte et dans le titre de son mandat; et les syndics commerciaux pour la faillite judiciaire et commerciale. »

« L'avoir de la faillite commerciale étant nul sans l'hypothèque du mandat et de la commission financière diplomatique; dans l'intérêt des créanciers et dans le droit, les syndics commerciaux se sont subordonnés aux syndics de l'état. Ces derniers seuls dans l'intérêt du trésor, devaient ressaisir d'une autre main, pour liquider leur mineur, non seulement l'usufruit qui échappe de leur première main par cet article 3, mais ils devaient ressaisir sur-le-champ d'une autre main, non seulement cet usufruit, mais la nue propriété de cet usufruit, mais tous les biens meubles et immeubles de la famille, et particulièrement ceux de la branche déchue, attendu que tous se trouvent coobligés par le texte du mandat ratifié par écrit, et officiellement reconnu. »

« La branche régnante en 1830, qui n'avait point émigré, ne pouvait être expropriée et n'a qu'une redevance particulière de famille, envers le mandataire spécial, secret et unique fondé par le monarque au nom de l'état, pour ne point émigrer, et n'a point émigré. »

« Ni le mandataire en faillite et en tutelle, ni les syndics commerciaux ne pouvaient intervenir dans la demande de l'usufruit, sans l'initiative et le concours effectif du ministre des finances et des nouveaux commissaires de l'ancienne liste civile; en prenant l'initiative par eux-mêmes, ils faisaient prédominer la créance commerciale sur la créance diplomatique, et forçaient le mandataire de protester contre cette transposition de droits, que le fisc insinuait pour se trouver libéré par cette renonciation sollicitée par promesse, et par ruse de sa dette de l'état et de sa négligence intéressée ou involontaire. Quand le chef des finances de 1833 à 1836, jusqu'au 21 janvier, s'appuierait d'un puissant protecteur dans le conseil, le monarque qui doit dominer le prince et le roi, dirait au secrétaire d'état responsable : vous ne deviez obéir qu'à la voix de l'état et à l'intérêt du trésor; en séquestrant la fortune de la branche déchue, vous liquidiez notre pupile sans bourse délier; vous enleviez à la branche déchue les moyens de complotter. Si elle se soumettait à son sort, vous la délivriez de l'obsession de ces émigrés qui, après l'avoir plongée dans l'abîme, venaient lui disputer dans son exil jusqu'au morceau de pain posé sur sa table; enfin, vous nous laissiez des garanties hypothécaires pour assurer à d'illustres infortunes une existence honorable. »

« A part, ce mandataire unique, notre pupile, que vous prétendez fruster si tortionnairement, est plus monarchique et plus national que vous; d'après le réglement secret de sa créance du 15 novembre 1828, contrat inconnu aux syndics commerciaux, L.-A. Pitou était lié au prince déchu par un serment et un secret inviolables jusqu'à une époque fixée à la mort de Charles x; ce secret concerne la personne du prince déchu et non point le monarque; le mémoire du 30 décembre 1837 en fait juge le roi, M. le comte de Bondy et le rapporteur arbitre qui possèdent ce titre. »

« En résumé, le premier titulaire des bénéfices de ces trois articles de la loi du 8 avril 1834, est évincé par vous, au moyen de lavemens de titres, de substitutions de noms et de soustractions de cent soixante-sept pièces originales enlevées de son dossier, opération commencée en 1814 et continuée jusqu'à ce jour. Ces soustractions constatées par écrit administrativement et judiciairement par les ministres des finances et de la maison du roi, par les trois examinateurs du dossier, par le rapporteur arbitre en 1825, 1828, 1831, 1833, 1836, 1837, 1838, prouvent que le mandataire a rempli et au-delà l'article qui suit :

Art. IV. — Les dettes de l'ancienne liste civile liquidées par la commission instituée par les ordonnances du 13 août 1830 et 27 août 1831, seront payées après révision par les soins et à la diligence du ministre des finances.

« Laver les pièces, les soustraire et les détruire, est un moyen efficace de simplifier à son profit la révision et la liquidation. »

« La soustraction étant prouvée par écrit en justice de l'aveu des soustracteurs, toutes les pièces requises par le pouvoir qui les soustrait sont fournies;

les articles 5, 6 deviennent le domaine du mandataire. »

Art. V. — Il est ouvert au ministre des finances un nouveau crédit de deux millions cinq cent mille francs, pour acquitter les créances liquidées ou à liquider de l'ancienne liste civile... Le compte définitif de la liquidation sera distribué aux Chambres.

Art. VI. — Le ministre des finances est autorisé à inscrire au livre ordinaire des pensions, les pensions constituées à titre onéreux, par l'ancienne liste civile, avec imputation des sommes qui auraient été déjà payées sur les crédits ouverts par les lois des 15 mars et 23 décembre 1831.

« En 1831, le ministre des finances, réuni aux nouveaux commissaires de l'ancienne liste civile, demandait au conseil des ministres que la créance Pitou soit payée pour éviter les révélations qu'elle provoque : le roi et le président du conseil déclarent que, n'ayant pas de fonds, ils la classent avec le traité des États-Unis, ratifié et non liquidé. »

« En 1833, le ministère de M. Humann, dans ses rapports des 12 octobre et 20 novembre, et M. le comte de Rambuteau, préfet de la Seine, successeur de M. le comte de Bondy, répètent la même demande du ministre des finances et des nouveaux commissaires de l'ancienne liste civile en 1831. »

« Le 19 mai 1834, la loi du 8 avril est promulguée. M. Humann écrit à Louis-Ange Pitou la lettre suivante dont le véritable sens est celui-ci : nous avons fait tous nos efforts pour vous leurer, n'ayant pas réussi, je signe de confiance la lettre préparée dans mes bureaux dès l'année 1833, au moment où vous en avez appelé à moi-même. »

MINISTÈRE DES FINANCES.

Paris, 19 *mai* 1834.

A M. PITOU, *rue de Chabanais, n°* 14.

Vous réclamez, Monsieur, par la pétition que vous m'avez adressée le 29 janvier dernier, contre un arrêté du préfet (le préfet écrit à Pitou le 3 décembre, qu'il n'a point pris d'*arrêté*, et M. Humann, dans le second paragraphe de cette lettre, se rétracte sur ce fait, ne prend point d'arrêté lui-même, le préfet et le ministre émettent une opinion plus ou moins libre.) de la Seine, qui aurait rejeté votre demande tendante à obtenir de l'état le paiement de sommes considérables, dont vous prétendez être créancier pour dépenses et avances faites dans l'intérêt de la cause des Bourbons depuis 1790, en *exécution* d'un mandat secret de la reine Marie Antoinette, mandat que vous annoncez avoir été ratifié par les rois Louis XVI, Louis XVIII et Charles X.

« Pardon, Monseigneur, d'interrompre Votre Excellence; si mon mandat n'avait que mon annonce pour preuve, il vous tiendrait moins au cœur, mais Votre Excellence, comme son ministère à qui elle en a donné la consigne, fait dès son début une omission importante; ce mandat délivré contre l'émigration a été ratifié par le premier consul et par l'Empereur en 1803 et 1811, parce que le mandataire, en revenant d'exil, arrêta l'émission d'un milliard de faux billets de la banque de France, fabriqués ici à Paris, avec les fonds de l'Etranger par l'émigration, sous les auspices des princes français émigrés, les comtes d'Artois et de Provence depuis Louis XVIII et Charles X. Ce titre, irrécusable contre vos assertions, n'est pas omis sans dessein;

c'est la suite et le complément des soustractions de pièces. »

M. le préfet de la Seine, à qui j'avais demandé des renseignemens, m'a fait connaître que dans son opinion, cette affaire ne pouvait concerner le domaine de l'état, et que par conséquent il n'avait pris aucun arrêté, et ne croyait pas avoir qualité pour statuer sur le mérite de votre réclamation.

« Monseigneur, l'émission d'un milliard de faux billets de la banque de France, atteindrait peut-être le domaine de l'état, la conscience de ce service national et monarchique rend M. le comte de Rambuteau fort prudent ; cependant il n'a pas dépendu de ce magistrat de me faire renoncer à mon recours sur l'état, pour m'adresser à la commission Bassano qui, malgré son très-digne président et malgré les murmures du corps législatif, s'est éteinte dans le silence comme la commission Daru. »

L'opinion de M. le préfet de la Seine à cet égard, me paraît parfaitement fondée.

« M. le préfet ne croit pas avoir qualité pour statuer ; il émet son opinion comme particulier ; M. Humann, qui trouve cette opinion fondée, opine-t-il comme ministre ou comme particulier ? est-il en même temps volatile et quadrupède ? laissons-le continuer. »

Et sans prétendre admettre ni contester la réalité du mandat qui vous fut confié, je vous ferai observer, Monsieur, que ce mandat, n'ayant pu avoir dans tous les cas que l'intérêt particulier et la cause personnelle des princes de l'ancienne dynastie, les dépenses résultant de son exécution ne peuvent être considérées comme constituant une dette à la charge de l'état.

« Monseigneur, votre doute est affirmatif pour

nous ; c'est à Votre Excellence que nous adressons notre réponse au numéro 25 des deux rapports, notre mandat fut-il douteux pour vous seul au monde, qui libère son pays d'une dette de onze milliards, travaille-t-il dans l'intérêt d'une dynastie ou dans celui de l'état ? est-il créancier du trésor public, peut-on annuler son titre par des faux et des soustractions de pièces ? »

J'ajouterai que dans l'hypothèse où la créance dont il s'agit serait reconnue créance de l'état, elle se trouverait, aux termes des lois sur l'arriéré de la dette publique, frappée de déchéance, attendu son origine antérieure à l'an 9.

« Monseigneur, mettez à la fin de tous les paragraphes de votre lettre : nous avons constaté nous-mêmes par écrit, la soustraction plusieurs fois répétée par le pouvoir de cent soixante-sept pièces originales enlevées du dossier du mandataire, par les chefs du pouvoir qui en sont convenus par écrit en justice. Ainsi, Monseigneur, on a soustrait et détruit les titres officiels qui prouvent que le mandat et la créance qui en résultent, font exception à la loi ; relisez le texte du mandat, Monseigneur. En 1801, 1803, 1811 et 1825, il a préservé son pays de l'émission d'un milliard de faux billets de la banque de France, fabriqués par et pour l'émigration; en 1825, son mandat a été ratifié par écrit pour avoir empêché l'émigration de grever la France d'une obligation de dix milliards ; en 1830, au 29 juillet, il a coopéré à empêcher l'incendie du palais des Tuileries ; demandez des détails sur ce fait historique au rapporteur arbitre Viollet-le-Duc, aujourd'hui conservateur des palais, et alors gouverneur des Tuileries. »

D'un autre côté, il serait également impossible

d'assimiler cette dette à celle de l'ancienne liste civile, et par conséquent, de lui appliquer la loi du 8 avril dernier.

« Monseigneur, le pouvoir qui soustrait et détruit les pièces pour annuler ses dettes, crée l'impossible en sa faveur, se rend absolu, appelle une révolution et s'anéantit. »

Car les dettes de l'ancienne liste civile dont la liquidation doit être faite au compte de l'état, d'après la loi précitée, ne peuvent s'entendre que des obligations contractées par les rois Charles X et Louis XVIII, pendant leur règne et par des services qui se rattachent aux divers services de la couronne.

« Monseigneur, on a soustrait et détruit les pièces officielles qui prouvent la continuité, sans interruption, de ces mêmes services du mandataire ; votre ministère les a enregistrés et vous les présente dans ses rapports des 12 octobre et 20 novembre 1833, et M. le préfet, dont l'opinion est parfaitement fondée pour Votre Excellence, vient à l'appui des deux rapports. Que constatent donc légalement, judiciairement, administrativement, législativement, ces rapports et cette opinion de M. le préfet? Ils constatent 1° que Bonaparte, premier consul, et Napoléon, empereur en 1801, 1803, 1811, a reconnu le mandat et la créance comme dette et titre national qu'il eut acquittée comme telle sans notre échec ; 2° que trois fois Louis XVIII et Charles X, abjurant les principes de l'émigration, ont opiné comme l'Empereur ; que par trois fois ils en ont ordonnancé la liquidation, que par les lavemens de titres et les substitutions de noms, la haute émigration de la cour s'est appropriée les ordonnances contre la volonté des deux rois ; 3° enfin que c'est sous le roi Charles x, que le mandat et la créance ont été solemnellement ratifiés par écrit, et que cette ratification est motivée sur le service que le mandataire a rendu à l'état, et continue de lui rendre en 1825 en s'opposant efficacement à l'enregistrement sur le grand livre de la dette publique d'une inscription de cinq cents millions de rentes au capital de dix milliards, au bénéfice des titres des émigrés et des étrangers coalisés pour se partager la France; ce mandat se rattache-t-il aux divers services de la couronne, de la liste civile, du trésor public et de l'état? est-il continu? est-il périmé? est-il frappé de déchéance? est-il l'effet d'un engagement individuel à titre particulier en dehors des lois générales du royaume, comme le dit Son Excellence, dont j'achève de copier le texte? »

Car la loi du 8 avril 1834, ne pouvant s'entendre que des obligations contractées par les rois Louis xviii et Charles x, pendant leur règne, et pour des dépenses qui se rattachent aux divers services de la couronne, tandis que la créance dont vous sollicitez le remboursement, lors même que ces deux rois l'auraient positivement reconnue et qu'elle serait suffisamment établie, ne dériverait que d'un engagement contracté par le rois Louis xvi et la reine Marie-Antoinette, en dehors des lois générales du royaume.

« Monseigneur, ces dernières assertions opposées au texte de votre ministère, à celui du mandat, aux actes officiels, me font penser que votre signature a été surprise; si elle est donnée avec connaissance de cause, ce serait un faux sciemment fait par le ministre, auquel le roi des rois, le juge des juges, le ministre suprême des ministres, applique cet arrêt: Tout royaume divisé contre lui-même sera ruiné, et toute maison ou ville divisée contre elle-même, ne pourra subsister. Au lieu de copier la conséquence au verset 26 du chapitre 12 de l'évangéliste, je trace fidèlement vos *considérations*, votre décision, comme particulier, votre *salut* et *votre* signature. »

D'après ces considérations, j'ai décidé, Monsieur, que l'objet de votre demande ne pouvant concerner ni l'état ni l'ancienne liste civile, il n'y avait pas lieu d'y donner suite en ce qui concerne mon département.

Je suis bien sincèrement,

Monsieur,

Votre très-humble serviteur.

HUMANN.

« Monseigneur, je veux encore douter, par respect pour l'état, pour le monarque et pour le ministère responsable, qu'un secrétaire d'état se fasse gloire en passant sous silence, les titres les plus essentiels d'un mandataire officiel de l'état et du roi; de leurer ce mandataire et de rendre les premiers instructeurs des affaires, des souffre-douleurs de l'opinion fiscale, des divisions qui approchent Son Excellence. »

« Les numéros 51, 52, 53, 54 du premier rapport, celui du vérificateur concordant avec ceux du second du directeur de l'enregistrement des domaines, 54, 55, 56, 57, joints à la lettre de M. le préfet du 3 décembre 1833, et au silence commandé par le fisc à la commission Bassano, en 1834, comme à la commission Daru en 1828 et 1829, et les invitations faites par le ministère des finances au mandataire, de s'adresser à la commission Bassano pour être liquidé, prouvent le dessein du fisc de tromper le mandataire au nom du ministre; la lettre du 19 mai qui suit la décision secrète sur le résultat de la commission Bassano, est un aveu patent et volontaire de cette déception. »

« Au nom de M. Humann, la haute division du fisc de son département, embrasse l'absolutisme et enjoint aux deux rapporteurs d'avancer et de soutenir sur leur prétendue conscience torturée, ce blasphème religieux et politique; QU'ON LAVE, *qu'on enlève*, *qu'on détruise tout autant de pièces qu'on voudra dans une demande* dirigée contre *le trésor public ou contre le domaine de l'état*, que la preuve de ces soustractions faite par le pouvoir lui-même, soit irrécusable, je concluerai toujours que la demande est étrangère au domaine et au trésor de l'état. Cette lettre du 19 mai, libère les deux rapporteurs, et prouve qu'elle fut commandée par la division supérieure, au nom du chef dont la signature me paraît donnée par surprise; car dès le mois de juillet suivant, le roi fait consulter le mandataire sur la marche à suivre dans la discussion du traité des États-Unis, donne au mandataire un gage du classement de son mandat et de sa créance au rang des traités ratifiés. Ce gage est un démenti à la lettre du 19 mai, pendant que la haute division du fisc, au nom de M. Humann et de la commission Bassano qui n'en *peut mais*....., prive Louis-Ange Pitou, pendant trente-cinq mois et neuf jours, des secours législatifs et de tous ses contrats constitués à titre onéreux, le roi vient au secours de son mandataire, que la haute division du fisc punit et réduit au désespoir, parce qu'il n'a pas voulu se laisser abuser et dépouiller. »

« Par respect pour le pouvoir irresponsable et responsable, cette signature paraît donnée de confiance, car elle fait dire à l'opposition que cette contradiction apparente des deux pouvoirs est un jeu concerté pour abandonner la clef du trésor au plus puissant qui, ayant besoin de fonds pour ses vastes spéculations, peut élever à la pairie et tout près de l'irresponsabilité, le ministre qui n'est que député; cette interprétation donnée au choix du chef de l'état en 1837, motive mon doute par respect pour la très-noble chambre, pour le roi et pour M. Humann; ce que je dis dans ces révélations du ministère des finances de 1833 jusqu'au 21 janvier 1836, s'adresse à la haute administration du fisc qui ne doute de rien, qui ne voit que le présent, et qui flatte aux dépends du roi et du ministre, le libéralisme qu'elle craint, auquel elle veut plaire, et dont elle a besoin pour s'enrichir, gouverner et dominer. »

« Est-il un homme, ami ou ennemi de la France, impérialiste, carliste, républicain qui, après avoir bien médité la portée et les conséquences de cette lettre, ose la dicter et la signer? Traçons-en quelques-unes, d'abord mettons de côté l'opinion du roi et celle de deux ministres des finances, le prédécesseur et le successeur de M. Humann, opposés à M. Humann. La haute division fiscale de Son Excellence lui fait dire dans le début de sa lettre, que le mandataire demande des sommes considérables; mais les pièces prouvent qu'il a fait plus de concessions qu'on ne lui en avait indiquées dans l'intérêt du trésor public et de la liste civile, d'après l'ordre qu'il en avait reçu en 1828, par le préposé direct du monarque; il lui était défendu de traiter avec les usuriers et avec le pouvoir inférieur, dont la haute division s'était servie en 1822 pour tromper le mandataire, usurper son nom, contrefaire ses titres, voler le trésor public et la liste civile. » (Voir les rapports des trois examinateurs de son dossier, pièces remarquables, première série, page 69 et 70, article conclusions.)

« Si un gouvernement quelconque peut soustraire et détruire tout autant de pièces qu'il voudra, pour nier et annuler ses dettes, les débiteurs particuliers suivront entre eux, contre lui et contre eux, le même principe. Qu'en résultera-t-il entre eux, contre eux et contre lui? Certes, Monseigneur, ni Votre Excellence, ni votre division fiscale n'ont cru signer leur ruine particulière, leur déshonneur, le vôtre et celui de la France... Relisez votre lettre, Monseigneur, et jugez si la conséquence est bien déduite des prémisses, et si les prémisses sont exactes et prouvées par votre signature aux numéros 2, 6, 39, 51, 52, 53, 54, 55, 56, 57 du rapport commandé à vos subordonnés inférieurs. »

« Monseigneur, en signant la lettre du 19 mai, saviez-vous que votre division du fisc avait donné l'ordre verbal à votre vérificateur qui l'insère au n° 50 de son rapport du 12 octobre 1833, de confondre la créance du mandataire qui a libéré son pays d'une dette de onze milliards avec celle du chef de l'émigration, qui s'honore et se vante d'avoir contracté à l'étranger cette même dette portée à vingt-cinq milliards; saviez-vous que le 19 mai, on vous faisait signer que pour ne payer ni l'une, ni l'autre, il fallait confondre et réunir, légitimer et illégitimer l'une et l'autre créance. »

« Savez-vous, Monseigneur, qu'à la fin de l'année 1833, lorsque Louis-Ange Pitou en avait appelé du préfet de la Seine et de ses subordonnés, à M. Humann lui-même, un secrétaire du cabinet des finances, haute division du fisc, me donnait connaissance de la lettre du 19 mai 1834, et que cette division, pour s'autoriser d'un grand pouvoir communiquant son plan au secrétaire de S. M. la reine, administrateur du domaine privé du roi, me répéta la proposition du vérificateur auquel il adhérait en 1834; au besoin, Monseigneur, je vous communiquerais la réponse écrite que je lui adressai au jour de l'an 1835. »

« Monseigneur, voici des faits conséquens à la signature de la lettre du 19 mai 1834; dans la session de 1833, la Chambre élective prétend réviser le traité ratifié en 1831 avec les États-Unis, une faible majorité se prononce pour l'affirmative. Que disait l'opposition, qui à l'appel nominal de 1833, triompha pour anéantir le pouvoir exécutif? Le chef de ce pouvoir, *disait l'opposition*, veut faire payer par le trésor ces vingt-cinq millions avec les intérêts dont il a fait l'acquisition pour son compte, à vil prix, avec les deniers du trésor public. Voyez, Monseigneur, à la suite du mandat, ce que L.-A. Pitou a proposé sans égard à la lettre du 19 mai, et la conduite à son égard de la haute division du fisc de votre département. Monseigneur, omettez, si bon vous semble, cette considération, elle m'est personnelle comme particulier, mais comme mandataire, elle prouve par un acte positif, la continuité de l'exercice de mon mandat, d'après le texte de ce titre. »

« Monseigneur, dès le lendemain de la lettre du 19 mai, je portai ma réponse à Votre Excellence et au même membre de la haute commission fiscale de votre département, qui m'avait donné, six mois avant votre signature, la connaissance de cette missive; je demandais une audience à Votre Excellence, m'engageant m'engageant à présenter un moyen légal d'être liquidé sans bourse délier de la part du trésor, et en outre, de lui faire rentrer huit ou dix millions. L'homme fiscal me regarda en pitié ; je répétai trois fois la même demande au ministre Humann ; dans mes lettres, je détaillai à Son Excellence les faux et les soustractions de pièces ; la division fiscale mettait de côté ces révélations que je communiquais au vérificateur et au directeur de l'enregistrement, auteurs des deux rapports des 12 octobre et 20 novembre 1833. Mes lettres et les offres que je faisais au trésor biffés, car cette division du fisc, craignant que son silence ne fut connu, me répondit le 13 juin, au nom de Votre Excellence, que le ministre trop occupé pour me recevoir, me demandait des détails pour faire un nouvel examen. Je donnai ces détails, j'attendis, et pendant que j'attendais avec confiance et sécurité, la division du fisc s'entendait avec le tréfoncier de Liège, l'un des chefs de la fabrication et de l'émission de vingt-cinq milliards de faux assignats, pour faire adjuger à l'émigration le bénéfice de l'article 3 de la loi du 8 avril 1834. En 1836, à la mort de Charles X, je me présentai... il était trop tard, le délai était passé. Le 11 mars 1836, la cour royale, et le 2 mai 1837, la cour de cassation, adoptant la légalité de la demande intentée par mes syndics commerciaux en 1828 et 1829, confirma le bénéfice de la justice et de la légitimité à l'illégitimité. Tant d'intrigues fiscales ayant amené des erreurs judiciaires aussi notables, motivent mon opinion sur la surprise de la signature de M. Humann à la lettre du 19 mai 1834. »

« Cette division du fisc continua ses opérations contre le vœu du roi, manifesté au 31 juillet de l'année 1834 et 1835, précisément au même jour et aux mêmes époques. En 1834, le même jour que le roi envoie cinq cents francs à Louis-Ange Pitou, en mémoire du classement de son mandat et de sa créance avec celle du traité des États-Unis, la division du fisc le classe au rang des émigrés et des princes déchus, et le prive du bénéfice de tous les articles de la loi du 8 avril 1834 ; il s'adresse de nouveau au roi contre son ministre des finances, renouvelle la demande d'une audience, s'engage à être liquidé par le trésor, sans bourse délier, et en outre, à faire rentrer au domaine de l'état, huit ou dix millions ; les deux rapporteurs à qui il expose ses moyens et ses demandes, sont étonnés du silence de la haute administration du ministère. »

« Le 22 septembre 1835, S. M. Louis-Philippe Ier ayant reçu par les mains du rapporteur arbitre l'exposé de ces faits, Pitou reçoit un bon de secours de cent cinquante francs, sur la liste civile ; ce bon est une troisième ratification du titre classé avec le traité des États-Unis : Le même jour, 22 septembre 1835, le fisc fait signer à M. Humann le double de la lettre du 19 mai 1834 ; du 19 mai 1834 au 22 septembre 1835, seize mois se sont écoulés ; les délais sont passés, et l'opinion du fisc, sous le nom du ministre, devient un jugement irrévocable et sans appel, si les lettres des 19 mai et 22 septembre sont bien adressées; mais Louis-Ange Pitou est en faillite et en tutelle, le nom de son syndic est en tête du rapport par le ministère. Arrêtons-nous là, les révélations vont dire le reste ; mais M. Humann a-t-il connaissance de cette conduite de sa haute administration du fisc ; improuve-t-il la délicatesse de l'opinion du mandataire à son égard ? »

« En 1834 et 1835, la division du fisc, soutenue de toutes les oppositions de la Chambre élective, met deux balances, deux poids et deux mesures dans les deux mains de M. Humann, le traité de commerce et de spéculation des États-Unis, soutenu par le ministre des finances, est ratifié et liquidé, et celui du mandataire de l'état et du roi est mis à l'écart : le premier est dans le goût et dans le domaine du fisc ; l'autre dans celui de l'état, de l'honneur et de la véritable monarchie. »

« Enfin, les deux lettres des 19 mai 1834 et 22 septembre 1835, sont l'œuvre de la division fiscale ; en les méditant, elle en voit la portée et les conséquences, et avoue sa défaite en se réfugiant dans une fin de non recevoir inadmissible. Reprenons les révélations sur le ministre Humann.....

N° 13. — Pressés par *la funeste nécessité* ; dites plutôt : « l'article 3 de la loi du 8 avril 1834 est une « amorce à tous les créanciers diplomatiques de l'état, « inscrits à l'ancienne liste civile. » Dites-leur : « créanciers de l'ancienne liste civille, l'article 3 de la loi du 8 « avril 1834 est précis en votre faveur ; réunissez-« vous au tréfoncier de Liège, chef des créanciers « de Charles X ; poursuivez-le, nous vous seconde-« rons. » Mais tous ces créanciers émigrés ont abandonné leur recours au domaine public ? Sans doute... Voilà le secret de la fausse inscription de nos lettres, et de la prétendue décision secrète du chef des finances.

Le mandataire de Louis XVI, depuis l'année 1811, est en faillite pour l'état ; dès cette époque de 1811, (*de l'aveu écrit, des examinateurs du dossier en* 1825), l'Empereur et le gouvernement se sont déclarés tuteurs du failli en nom.

En 1825 et 1828, le gouvernement a garanti la créance et a pris la même tutelle ; elle continue de droit et de fait par les commissaires et par leurs délégués à l'ancienne liste civile.

Pour conserver ses tuteurs, le mandataire n'a mis aucune opposition aux deux listes civiles; il eut protesté contre le syndic et contre les créanciers commerciaux, si ces derniers, séduits par l'amorce de l'article 3 de la loi précitée, eussent fait cause commune avec l'émigration.

Les tuteurs donnés au mandataire de l'état et du Roi Louis XVI, doivent intervenir pour lui et pour eux dans l'intérêt du trésor, pour l'acquit de la créance du mandataire, fixée par son contrat du 15 novembre 1828; ces tuteurs doivent se faire inscrire en tête des colicitans de l'article 3 de la loi du 8 avril 1834, aux fins de décharger le trésor public de la somme qui doit leur revenir par ledit article, pour l'acquit partiel ou total de la créance du mandataire de l'état et du Roi.

Ainsi, l'honneur et l'intérêt moral et pécuniaire du pouvoir, qui devraient attacher le fisc à la cause du mandataire, l'ont rendu notre adversaire du moment qu'il a cru posséder tous nos titres.

N° 14. — (Suite des numéros 3 et 4.) En effet, d'après les soustractions de pièces et les faux répétés sans cesse, depuis 1814 jusqu'à ce jour, dans notre dossier, c'est un miracle que nous ayons pu conserver des copies originalisées.

De 1814 à 1825, ces opérations continues ont eu lieu de la part des hauts fonctionnaires émigrés, contre les mandataires de Louis XVI, consignés par le prince, au nom de l'état, pour rester en France.

Ces hommes parvenus au pouvoir depuis 1814, ont travaillé avec tant d'audace à cet odieux trafic, qu'en 1822, le président du conseil des ministres, pour ne pas les traduire en justice, les fit expulser encommençant, de concert avec M. de Lauriston, par M. le secrétaire général Dubuisson, vicomte de la Boulaye. Celui-ci, de 1814 à 1817, a été pris trois fois en flagrant délit par le mandataire de l'état et du roi Louis XVI. (Voir la note numéro 5 bis de la pièce judiciaire du 15 mars 1828.)

En 1828, lors de la reprise de la faillite Pitou par ses créanciers, le tribunal de commerce de la Seine, dépositaire des titres secrets du mandataire, dans l'intérêt des créanciers du failli en nom, remet tous ces titres au ministère du Roi, pour la commission des dettes royales, nommée le 2 août de ladite année.

En 1829, le travail terminé étant tenu secret, les syndics et le tribunal réclament le dossier pour suivre; l'administration se tait, garde les pièces; le gouvernement de 1830 a fait de même jusqu'à ce jour!........

N° 14. — (Suite des numéros 3 et 4.) Ainsi, les archives, le chef de l'état, le ministère en corps, tiennent pour eux, pour les trois pouvoirs réunis, pour les législateurs et les juges de tous les degrés, les originaux, les copies conformes, la justice de tous les degrés et tous les moyens des demandeurs.

De 1814 à 1830, l'émigration, pour se venger du mandat de Louis XVI, et des opérations conformes du mandataire, a mis en œuvre les faux et les soustractions de pièces.

De 1830 à 1837, par la même opération, le chef du fisc replace le même mandataire *avec les émigrés et les princes déchus.*

D'après ces enlèvemens de pièces, le pouvoir des deux gouvernemens, de 1814 à 1837, a dû se croire en sûreté en continuant les mêmes opérations.

La fausse inscription ordonnée en 1834, par le

chef du fisc, fait suite à la fausse délibération du 8 février 1829, présentée le 13 juin 1831, par les nouveaux commissaires de l'ancienne liste civile, au syndic et au failli, pour annuler leur créance.

Ces deux pièces sont jugées par le paragraphe 39 du rapport; elles s'effacent devant le texte du mandat, transcrit en partie dans les paragraphes 7, 8, 9, 10, 40, du même rapport.

En 1834, le chef du fisc a biffé ce rapport pour se mettre à l'aise comme ses devanciers qu'il a imités.

N° 15. — Mais en 1803, le premier consul, en 1811, l'Empereur Napoléon, ont reconnu le mandat et la créance comme titre national et monarchique, délivré et exécuté contre l'émigration, par le dévouement du mandataire qui arrête l'emission d'un milliard de faux billets de la banque de France, fabriqués ici, à Paris, de 1801 à 1803, par l'étranger et sous les auspices des deux chefs de l'émigration. les comtes d'Artois et de Provence. (Les preuves sont jointes au dossier et répétées ici contre. Voir lettres des 9 et 15 mai 1826.) Ces actes, précédés et suivis d'autres actes continus et non moins importans, sont appuyés du témoignage de l'Empereur Napoléon, de celui des rois Louis XVIII et Charles X, de celui des ministres, de celui des trois examinateurs du dossier Pitou; ces trois examinateurs répètent aujourd'hui librement que L.-A. Pitou a été puni par l'émigration.

1° Pour l'avoir privé, en sa qualité de mandataire de l'état, constitué par Louis XVI, du bénéfice du milliard des faux billets de la banque de France, fabriqués ici, à Paris, de 1801 à 1803.

2° Pour l'avoir empêché en 1825, de grever la France d'une dette de dix milliards, en démontrant aux trois examinateurs de son dossier, au ministre duc de Daudeauville, au gouvernement et au roi Charles x, qu'il ruinait la France et perdait la couronne et la vie, s'il faisait inscrire au trésor public la créance du chef de l'émigration ; le mandataire en appelle au témoignage des trois examinateurs de son dossier : MM. Ratel, chef au ministère de la maison du Roi, retiré de l'administration ; Brousse, chef du contentieux au même ministère, secrétaire des commissions Daru et Bassano, en 1828 et 1837, duc de Doudeauville, ministre secrétaire d'état, ministre de la maison du Roi ; Viollet le duc, chef du domaine au même ministère, et aujourd'hui conservateur des palais aux Tuileries, rapporteur spécial, et en ce moment dépositaire de tous les titres, depuis le neuf juin 1836.

Numéro 16. (Voir numéro 13 ci-devant.) Les 11 et 26 novembre 1836, M. le président du conseil des ministres a reçu les détails de ces services ; ces mémoires sont restés sans réponse ; cependant ils sont dignes de l'examen des Chambres et de celui des trois pouvoirs réunis, car ils déposent péremptoirement contre le faux enregistrement du fisc ; ils prouvent mathématiquement à ce chef du pouvoir, que le rejet arbitraire de la créance de Louis-Ange Pitou, fixée comme dette de l'état, grève le trésor public; lequel, acceptant la créance et se substituant au mandataire dont il est le tuteur constitué d'office, se remboursait en s'appliquant l'article 3 de la loi du 8 avril 1834 ; le fisc payait un Français non émigré, un mandataire de l'état et du roi Louis xvi, à la place des étrangers coopérateurs des vingt-cinq milliards de faux assignats qui, de 1791 à 1797, ont ruiné la France.

N° 17. — (Voir numéro 8.) De 1834 à 1836,

le chef de l'état et le chef du fisc ont tenu envers le mandataire de Louis XVI, une conduite diamétralement opposée.

L'un privait le mandataire de ses deux pensions et des secours législatifs, réclamés par son ministère de 1833.

Le chef de l'état, à qui L.-A. Pitou n'a rien demandé pour lui depuis 1830, lit les titres du mandataire et la conduite du chef du fisc à son égard. Le mandataire, dans un très-court exposé, trace l'origine de son mandat et les actes qu'il a accomplis de 1825 à 1830, en faveur des deux branches des Bourbons ; il finit par ces mots : « Après le 29 juillet, si « une personne attachée au service du roi et de la « reine, avait profité d'une proposition qui lui fut « adressée pour le roi, par les chefs des paroisses « des départemens de l'Ouest, la Vendée, se fut « conduite après comme avant le 29 juillet. Cette « véritable Vendée, fidèle à son pays contre l'émi- « gration et contre l'étranger, étant informée que « le roi Charles X, pour sauver sa vie, allait engager « la France pour dix milliards, l'a reçu à son pas- « sage comme un inconnu. »

Le matin du 19 juillet 1834, le secrétaire de Sa Majesté la reine, chef du domaine particulier du roi, vient à l'improviste chez Louis-Ange Pitou, lui demande d'abord l'explication de l'article sur la Vendée.

Le mandataire lui rappelle toutes les circonstances de cette époque, et les termes de la proposition ; l'homme du roi convient de ses torts, il avait trop bien serré la lettre et les pièces analogues, il les a retrouvées quand il n'était plus temps...

La session législative de 1835 allait s'ouvrir à la fin de juillet 1834 ; la question du *traité des Etats-*

Unis dominait toutes les autres ; l'homme du roi provoquait cette question qu'il paraissait éluder. Le mandataire l'aborde franchement; après deux heures d'examen et de discussion, indiqué dans le texte du mandat et qui serait reproduite au besoin en entier, le secrétaire se lève, serre la main de Louis-Ange Pitou et lui dit : *je vais rendre compte au roi sur-le-champ, M. Pitou, vous y êtes intéressé plus que personne.*

M. HUMANN OPPOSÉ A LA JUSTICE ET AU ROI.

La session ouvre le 31 juillet 1834, la question *du traité des Etats-Unis* est énoncée dans le discours de la couronne ; le même soir, le roi adresse à L.-A. Pitou un bon de secours de *cinq cent francs* sur sa liste civile.

En 1835, le même jour que le chef du fisc écrit au mandataire de Louis XVI, qu'il persiste dans son opinion du 19 mai 1834, le roi adresse à L.-A. Pitou un nouveau bon de secours de cent cinquante francs, sur la liste civile.

N° 18. — Cette coïncidence de deux actes opposés du même jour sur la même affaire et sur la même question, amènent cette conclusion.

Le pouvoir responsable force le pouvoir irresponsable à lui obéir dans l'infraction des lois.

Le pouvoir responsable se retirant, laisse au roi le lot de l'iniquité et du mécontentement dont profitent les régicides *Fieschi, Alibaud et Meunier.* Rendez au roi Louis-Philippe les prérogatives de la couronne et la liste civile de ses prédécesseurs ; il fait quinze mille victimes de moins chaque année, et ramène à lui vingt millions de français incertains ou mécontens des coups homicides portés au prince, ou plutôt à la monarchie, dès les premiers jours du mois d'août 1830.

N° 19. — Le lendemain du 29 juillet 1830, la suspension instantanée du paiement de tous les titulaires de la couronne et de la liste civile, fut considérée d'abord comme une mesure de prudence, ensuite comme une bourasque passagère.

La monarchie continuant, il était naturel de croire que cette bourasque n'aurait pas la durée du 10 *août* 1792, au 9 *thermidor*; (29 *juillet* 1794.) Au bout de deux ans, la République et la Convention, rougissant des abus de leur victoire sur la monarchie, avouaient leurs crimes, se jugeaient coupables, ouvraient les prisons aux parens de leurs victimes, et leur restituaient les dépouilles dont elles s'étaient emparées.

N° 20. — En 1831 et 1832, parmi les quinze mille vieillards titulaires de la couronne et de la liste civile, le cinquième de la pension réduite arbitrairement au maximum de mille francs, est alloué à titre de *secours et de bienveillance, à ceux-là seuls qui constatent par témoins, devant les magistrats, leur état de mendicité.*

Cette loi que la république eut désavouée, fut aggravée par la loi de 1833, ces deux lois ont continué jusqu'en 1836, qu'elles ont été un peu négligées.

En 1833, 1834, 1835, les zélateurs de ces lois, qui ont fait vingt millions d'ennemis à la monarchie, disent audacieusement aux quinze milles victimes: *Tous vos malheurs vous viennent du pouvoir exécutif, c'est à lui que vous devez la rigueur de nos lois contre vous.....* Ce pouvoir exécutif a doué la sagesse d'un homme qui convoque tous ses voisins, et brûle ses propriétés sous leurs yeux pour s'enrichir !....

Les autres titres attenants à l'état, et la couronne

à la liste civile, par l'origine du péché originel de leur source, sont biffés ou ajournés indéfiniment, et presque tous anéantis par la mort forcée des titulaires.

En 1793 et 1794, *la convention se vantait de battre monnaie à la place de la révolution*, (*Louis* xv) *sur la tête de ses victimes.*

La monarchie continue depuis 1830.

Cette mesure de 1831 et 1832, appliquée à des hommes échappés miraculeusement à ces temps de désastres, leur fait comparer le présent au passé; ils se livrent au désespoir, préviennent l'avenir, et s'arrachant la vie, *battent monnaie par eux-mêmes dans tous les coins de la France.*

N° 21. — Le mandataire officiel de l'état et du roi n'en fut réduit là qu'en 1834.... Son syndic, ses créanciers, ses parens, ses alliés, ses amis sont morts, ou ont été ruinés après l'avoir secouru jusqu'au dernier moment; il eut fait de même si la religion le lui permettait. Depuis 1834 jusqu'à ce jour, il s'est adressé avec respect et circonspection à Leurs Majestés le Roi, la Reine, madame Adélaïde.

Leurs Majestés, avec le quart de la liste civile de Charles x, et la charge de toutes les infortunes de la France, font pour lui tout ce qu'elles peuvent; s'il a gardé le silence sur leurs bienfaits, c'est pour ne pas attirer à ses compagnons d'infortune, les dix mille vieillards titulaires de l'ancienne liste civile, au pénible refus motivé sur l'impuissance royale.

Après le roi, M. le marquis de Barbé-Marbois, compagnon d'exil de Louis-Ange Pitou, à Cayenne, est venu à son secours à Paris en 1835 et 1836, comme il le fit courageusement en 1799, au milieu de leurs ennemis, dans une crise pareille à celle-ci, dans les déserts de la Zône Torride.

N° 22. — D'après les faux et les provocations du chef des finances, d'après le silence des ministres, si le titulaire officiel de l'état et du roi eut adressé ce tableau et ces malheurs immérités, à la génération et aux quatre cents mille témoins des actes nationaux et monarchiques de son mandat, scellé de son sang et de ses larmes; depuis 1830, son pain eut été moins dur et plus abondant; mais Dieu, la conscience du mandataire, et la vôtre, Messieurs, lui disent qu'il est des vérités redoutables dont la France, très-dignement représentée par vous, ne permet la publicité que d'après votre assentiment.

N° 23. — Messieurs, nous aurons la consolation, en achevant ce pénible tableau, de vous présenter un moyen efficace de réparer à bas bruit, avantageusement au bénéfice du trésor public, un déni de justice criant, d'adoucir de grandes infortunes, de comprimer *cette funeste nécessité* qui tyrannise la génération, et de faire tomber le glaive de la main des régicides, en rattachant au monarque et à la couronne, ces vingt millions de Français dont les vœux et les intérêts sont liés au sort des quinze mille vieillards titulaires de la liste civile et de la couronne.

Achevons le tableau. Nous vous prions, Messieurs, de donner une attention spéciale à ce déni spécial de justice.

N° 24. — Du 29 juillet 1830, jusqu'au mois de février 1832, le mandataire n'a reçu que *cinq cents francs* à titre de *secours*, sur sa pension de *quinze cents francs*, représentant *quinze mille francs de rente perpétuelle*, au capital *de deux cent soixante mille francs, remise volontaire faite des intérêts par le man-*

dataire, inscrite au registre premier de la liste civile, n° 2179, *daté du* 18 *février* 1819.

Cette pension étant le gage d'une créance réglée par transaction, en octobre 1817, entre le roi, le ministre et le mandataire, M. le duc Davaray étant garant et arbitre, ces clauses de garantie se trouvant omises dans le brevet du 18 février 1819, Louis-Ange Pitou refusa par écrit de faire enregistrer le titre jusqu'au 7 juin 1820, que le roi, sous le nom de M. le comte de Pradel, ayant le portefeuille du ministre de sa maison, par sa lettre dudit jour 7 juin 1820, *ordonna à Louis-Ange Pitou de toucher ledit brevet en attendant qu'il pût le payer*. (Lire d'abord la pièce judiciaire du 15 mars 1828, et la note n° 5 bis de cette pièce.)

(Voir le *Mémoire toute la vérité au Roi*, 2 *V. in*-8°, imprimé par ordre de Louis XVIII, *tome* I, pages 10, 11; tome 2, pages 1 à 5 inclusivement, de 30 à 43, texte et notes de la lettre.)

Le ministre des finances récuse ces titres, paragraphes 15, 16, rapport du 20 novembre 1833.

N° 25. — Du mois de février 1832 au premier décembre 1835, par le faux enregistrement fait aux finances, *du mandat de la créance, du brevet de pension de la liste civile*; le chef du fisc a biffé également les secours législatifs accordés aux pensionnaires de l'ancienne liste civile.

Le 9 décembre 1835, un bon de secours de *cent quatre-vingt-huit francs*, (continué en 1836 et 1837) arrive à l'improviste au mandataire, *pensionnaire de l'ancienne liste civile*, et ce bon est ordonnancé par le chef du fisc !...

Louis-Ange Pitou en remercie Dieu et le roi...

N° 26. — Cette confirmation motive l'accord du nouveau secours donné précédemment par le roi ;

elle légitime les conséquences que nous avons déduites de la conduite du ministre Humann envers le roi ; le détail que nous donnons de la constitution de notre pension à titre onéreux sur la liste civile, prouve que le chef du fisc met la loi sous son pied !.. Voilà un déni de justice palpable, dont nous demandons réparation à tous les pouvoirs réunis.

S. M. termine l'année 1835 par un nouveau bienfait accordé au mandataire de l'état et du roi ; sur la prière de celui-ci, le roi recommande l'affaire Pitou au chef de la justice pour le conseil d'état. M. le garde des sceaux, conformément à la requête Pitou, enregistre l'affaire *sous le n° 6362, transcrit en double à la marge*, et nomme un avocat d'office au pétitionnaire; cet avocat est M. Chauveau-Lagarde qui, se retirant des affaires, en informe M. le garde des sceaux et reporte le dossier à la Chancellerie, pour que le pétitionnaire n'éprouve point de retard.

N° 27. — *Le* 10 *décembre* 1835, L.-A. Pitou joint à son remerciement au roi, une autorisation de son syndic et de ses créanciers, qui lui donnent plein pouvoir de terminer l'affaire à bas bruit.

Le 5 *janvier* 1836, à l'appui de la pièce précédente, le mandataire en adresse au roi une plus positive; cette dernière contient tout le secret détaillé de son mandat....... Les rapports d'intérêts de famille des deux branches des Bourbons, pour le passé, le présent et l'avenir, y sont exposés avec tant de conscience, de franchise et de vérité, que l'auteur en appelle aujourd'hui avec sécurité, et l'histoire en appellera un jour avec lui, au jugement des partis les plus extrêmes et les plus opposés....

Nul homme ne peut dire qu'il est quitte envers Dieu, mais la France, l'Empire, l'Empereur, la monarchie, le chef de l'état, les deux branches de la maison de Bourbon, disent et diront toujours qu'il est quitte avec eux.

Ce mandataire garanti par l'état, demande et aura toujours droit de demander pour ses créanciers légitimes, aux occupants le trône, ou le pouvoir suprême, *s'ils sont quittes envers eux* ?

D'après l'envoi de cette pièce, le 14 janvier 1836, le mandataire fut informé que le pouvoir donnait suite à sa requête au conseil d'état.

N° 28. — Ledit jour, M. Huet, avocat au conseil d'état, lui fait savoir qu'il est chargé de l'affaire qu'il a adressée à ce conseil, il l'engage à passer chez lui pour en conférer.

Le syndic et le mandataire ne connaissent point M. Huet, et ne savent pas comment leur affaire est entre ses mains. L.-A. Pitou va le trouver le 15 janvier; cet avocat *désigné d'office*, demande d'abord par circonlocutions, le préliminaire qui ne lui est pas dû, (500 francs avant d'ouvrir le dossier.) *il se décidera à suivre, ou non, lorsque les pièces seront retirées du ministère des finances par M. Pitou ou par son syndic.* Le chef des finances ou les auteurs du faux enregistrement des titres, ne pouvant arriver à leur but par eux-mêmes, se serviraient-ils d'un truchement en robe de palais ?

Sur les représentations du mandataire, que le retrait des pièces ne peut avoir lieu que par l'avocat lui-même, donnant un reçu motivé qui constate *que le syndic ne connaît point la correspondance du ministre avec M. Pitou.*

M. Huet en réfèrera *au conseil*; il ne veut que la correspondance du ministre avec le failli, mais celui-ci y joint les originaux de la ratification de son mandat, et le rapport du ministère des finances, du 20 novembre 1833.

N° 29. — Du 15 au 21 janvier 1836, M. Humann a remis le portefeuille des finances.

Le 22 janvier 1836, M. Huet informe par écrit M. Pitou, de la décision du *conseil.*

« Le conseil a pensé que le délai pour se pourvoir « étant expiré depuis long-temps, il n'y avait lieu de « former le pourvoi, et par conséquent, de nommer « un avocat d'office à M. Pitou. »

« M. Huet tient à sa disposition les pièces de son « affaire. »

Le failli, par l'avis de son syndic, va reprendre les pièces et demander copie *de la décision du conseil;* l'avocat balbutie, dit *que cette décision est verbale*; forcé de lire les articles du rapport du ministère des finances, du 20 novembre 1833, qui lui prouvent que la *fin de non recevoir* est impossible; il avoue en rougissant *que l'avis du conseil, au nom duquel il a parlé, est le sien et celui de ses amis.* Il remet toutes les pièces.

N° 30. — Le lendemain, le mandataire les joint au rapport qu'il adresse à M. le garde des sceaux.

Le cabinet entier ayant vaqué jusqu'au 22 février 1836, depuis le 24 janvier de ladite année, jusqu'à ce jour, les réclamations adressées à la Chancellerie sont restées sans réponse.

N° 31. — Au ministère des finances, M. le comte d'Argout, qui succède à M. Humann, donne audience à M. Pitou le 28 mars 1836, prend connaissance de toutes les pièces, charge le chef de son cabinet de les examiner dans le plus grand détail, ce que celui-ci fait sous les yeux du failli; à la suite de cet examen, l'organe du ministre promet un nouveau rapport.

N° 32. — Le ministre ordonne ce rapport à deux divisions qui s'y refusent par divers motifs.

« La demande

« La demande basée sur un mandat secret est « de la compétence des conseils de cabinet, des « ministres et d'état »

« La demande du Tréfoncier de Liége et la de- « mande Pitou-Peccatte. sont diamétralement « opposées ; étant jugées administrativement, sur la « seule matérialité des titres ; elles sont également « admissibles. »

« Les demandes considérées d'après la condition « des mandants, et le texte des actes de mandats : « la demande Pitou-Peccate est la seule qui soit « licite, légitime et fondée. »

« L'administration, incompétente pour examiner « les réclamations sous ce point de vue, d'après les « articles 1 et 3 de la loi du 8 avril 1834, touchant « la liquidation de l'ancienne liste civile, renvoie « l'affaire Pitou à l'autorité supérieure des conseils « désignés ci-dessus. »

N° 33. — Le 29 avril 1836, M. Viollet-le-Duc va « lui-même au ministère des finances, auprès du même « chef de cabinet. »

En 1825, M. Viollet-le-Duc était chef du domaine de la couronne, au ministère de la maison du roi ; au commencement de ladite année, il fut nommé par le Roi et par le ministre secrétaire-d'état, rapporteur spécial de l'affaire Pitou ; MM. Brousse et Ratel, chefs au même ministère, lui furent adjoints.

Aujourd'hui, M. Viollet-le-Duc, conservateur des palais aux Tuileries, confirme ses rapports, sa signature et toutes les pièces présentées par L.-A. Pitou, sur lesquelles il donne des détails conformes à ceux du mandataire. (Nous répétons à dessein ces documens insérés plus haut.)

N° 34. — L'organe du ministre répond, par l'aveu

4

de Son Excellence : « Cette affaire est si juste, si « claire et si bien prouvée, qu'il faut y faire droit à « tout prix, et pour éviter les révélations qu'elle « provoque au besoin, il faudrait mettre des fonds « en réserve pour la terminer. »

Le syndic et le failli ont eu ces détails le 9 juin 1836, en remettant à M. Viollet-le-Duc leurs titres et les propositions d'une transaction plus avantageuse au trésor public qu'au syndic, au mandataire et aux créanciers.

N° 35. — Depuis onze ans, M. Viollet-le-Duc, ses deux collègues et M. le duc de Doudeauville, ratifient ce qui a été fait et consommé dans l'affaire Pitou.

N° 36. — Ledit jour, 9 juin 1836, en recevant les titres des mains des sieurs Peccate et Pitou, M. Viollet-le-Duc leur répète « qu'en justice, et de« vant tous les pouvoirs, il affirmera que, par ordre « exprès du roi et du ministre, duc de Doudeauville, « il a examiné et discuté tous les titres de M. Pitou, « qu'il a constaté les faux opérés dans son dossier ; « que le mandat et la créance ont été reconnus et « officiellement garantis au mandataire, par un acte « écrit et répété par devant le tribunal de commerce « de la Seine, le 15 mars 1828. »

N° 37. — M. *Viollet-le-Duc* continue de réfuter les deux lettres de M. Humann, des 19 mai 1834 et 22 septembre 1835, et s'exprime ainsi :

N° 38. — « La haine de certaine émigration contre « M. Pitou, devint implacable : en 1825 à l'occasion « et par le motif de la ratification de son mandat, « les 13 juillet 1825 et 4 avril 1826 ; il répète le « texte et les preuves de la note n° 5 bis de la pièce « judiciaire du 15 mars 1828. (Voir cette pièce.)

« Au mois d'avril 1825, je faisais le travail du

« dossier du mandataire de Louis XVI ; il vint à la « liste civile m'apporter des pièces que je lui avais « demandées ; il se trouve dans le même bureau « avec le chef des mandataires créanciers des comtes « d'Artois et de Provence, fabricateurs des vingt-« cinq milliards de faux assignats ; les deux parties « opposées réclament toutes deux la ratification « officielle de leur mandat, et par suite de cet acte, « l'inscription de droit au trésor public de la créance « qui en résulte. »

N° 39. — Révélations et service important rendus à l'état par l'un des deux mandataires.

N° 40. —Voici la cause secrète des ordonnances du 25 juillet 1830, et de la légitimité de la résistance du peuple.

Qui provoque cette révolution des émigrés ou des libéraux ? Tous deux ensemble. Les uns pour livrer la France à l'étranger, pour dix milliards, les autres pour recommencer la révolution en commun, d'abord par l'anarchie, la continuer par la terreur et la terminer par le sabre, par le despotisme et l'absolutisme, pour la recommercer de nouveau par les mêmes moyens.

Le mandataire national et monarchique, fidèle à son titre, démontre cette vérité au pouvoir responsable qui se rend à l'évidence et au pouvoir irresponsable, qui fait de même jusqu'au moment où l'émigration lui met le poignard sur le cœur, pour lui faire acheter la vie au prix de sa couronne et de ses états, cédés et engagés pour dix milliards.

En 1825, le roi Charles X désabusé, se prononce

contre l'émigration, pour le mandataire de son frère Louis XVI ; il proclame ce titre seul national et monarchique, et ordonne qu'il soit reconnu par écrit *officiel et légitime.*

Deux mois après, l'émigration force le ministre et le roi d'altérer le titre officiel, délivré le 13 juillet 1825 à L.-A. Pitou.

Le Roi et le ministre font cet essai le 17 décembre 1825 : ils sont forcés d'y renoncer et de rendre le titre du 13 juillet inattaquable par la lettre du 4 avril 1826. Comparez les pièces et consultez le ministre et les trois examinateurs.

« M. Pitou se lève ; démontre mathématique-
» ment à nous trois examinateurs de son dossier
» que le salut ou la ruine de la France et le retour
» d'une révolution incalculable, dépendent du rapport
» que nous allons faire au roi et au gouvernement, des
» titres des deux contendans et de leurs demandes ;
» l'une exclut l'autre : l'une est légitime et sacrée :
» l'autre est nulle, anti-nationale et criminelle.......
» Biffez, niez, *dit-il*, les actes du mandataire de
» Louis XVI : l'émigration à l'étranger depuis le 17
» juillet 1789 jusqu'en 1814, constitue la France,
» l'état et le territoire à ceux qui l'ont quitté pour le
» conquérir et se l'approprier, moyennant vingt-six
» milliards de leurs billets reconnus bons et valables
» au trésor public avec les intérêts capitalisés depuis
» 1791 jusqu'à 1825, à l'opposé :...

« Biffez les mandats et les créances de l'émigration;
» que reste-t-il de créances légitimes de l'état et de
» Louis XVI, après le mandataire spécial et secret de
» 1790 ? Les restitutions de la convention de 1794

» à 1795, celles du directoire, celles du premier
» Consul et de l'Empereur nous tenaient à peu près
» quittes jusqu'en 1814.....

» Aujourd'hui admettez les titres de l'émigration,
» dans six mois vous aurez la banqueroute des assi-
» gnats et des mandats de 1796.........

« Sans donner de réponse à aucune des deux par-
» ties, je me levai, et me rendis de suite chez le mi-
» nistre duc de Doudeauville; je posai la question
» telle que je vous la répète ici, aux Tuileries, ce
» neuf juin 1836.

« Le ministre l'écrit et la porte chez le roi.

« Le roi Charles x lit :.. biffe les mandats et les
» créances de l'émigration, et enjoint au ministre
» responsable, de ne ratifier officiellement par écrit
» comme titre et dette nationale et monarchique,
» que le mandat et la créance de M. Louis-Ange
» Pitou et de classer les autres titres à la faculté per-
» sonnelle des débiteurs, et à la bienveillance du
» Prince.

« MM. le marquis de Barbé-Marbois, de Sémon-
» ville, duc et marquis d'Avaray, M. le chancelier
» d'Ambray, MM. le comte de Peyronnet, de Vil-
» lelle, de Corbière; ce dernier condamné à la dé-
» portation du 18 fructidor comme M. Pitou, in-
» formés de cette détermination l'appuyèrent.

N° 41. — « De suite après la signature officielle du 13
» juillet 1825, l'émigration sous le nom des trois exa-
» minateurs du dossier Pitou, à leur insçu et malgré
» eux, altère le titre authentique autant qu'elle le peut;
» étant forcée de s'arrêter après la lettre précise du 4
» avril 1826; elle prend les moyens d'arrêter les paie-
» mens de M. Pitou et de se faire donner des titres
» plus efficaces que celui du mandataire de Louis xvi,
» qualifié du nom de *Roi Soliveau*.

En 1826, le Roi, menacé par l'émigration appuyée de quelques députés, se détermine à faire en secret, pour le chef de cette émigration, ce qu'il a fait ostensiblement pour L.-A. Pitou. M. le comte Chabrol, préfet, et M. de Villelle, se concertent pour déjouer cette intrigue; ils y parviennent.

Révélations du roi Charles x dans cette occurrence; conduite héroïque du préfet et du comte de Villelle, à cette occasion; l'émigration honore M. le président du conseil, de la haine qu'elle a vouée au mandataire de l'état et du Roi Louis xvi.

En 1826, l'émigration appuyée de quelques législateurs de l'époque, menaça le roi Charles x de le détrôner, s'il ne faisait pas pour le chef des créanciers de l'extérieur, ce qu'il avait fait pour le mandataire de Louis xvi. M. le comte de Villelle, prévenu de cette tentative par M. le préfet, comte de Chabrol, chargé par le roi de faire, à l'insçu de M. le président du conseil, ce qui avait été consommé pour M. Pitou, arriva au moment où Charles x allait signer l'arrêté du préfet; « Ils m'assassineront « si je résiste, *s'écriait ce malheureux prince*; l'émigration nous a perdus, nous a ruinés; j'ai promis « tout ce qu'ils ont voulu; les dignes compagnons « de nos infortunes se résignent et apprécient ma « position, les vampires attachés à mes pas sont « ceux-là même qui ont surpris notre confiance et « notre signature, ceux-là qui, pour se venger du « prince, du roi, du monarque et de la monarchie, « font cause commune en ce moment avec les conventionnels, avec les libéraux et les anarchistes; « une signature violentée est nulle.....

Je signe à tout évènement... Il prend la plume ; à ces mots, M. de Villelle se lève, remet son portefeuille et dit au Roi : *Je ne souscrirai jamais au profit de l'émigration, la ruine de mon pays et celle de la maison Bourbon; — point de Villelle, point de roi,* reprend Charles x en jetant la plume; *s'il en est ainsi,* reprend M. de Villelle, *je me charge* DE TOUT : Il prend l'arrêté, le biffe et dit au préfet : « Rendez ce papier « ainsi rayé au pétitionnaire, nommez-moi et dites-« lui que je vous ai enjoint de tancer vertement « les auteurs inattentifs et peu scrupuleux d'un « pareil rapport. »

« Ils m'avaient fait leurs observations conscien-« cieuses, répondit le préfet. »

N° 42 — En 1833, les mêmes rapporteurs chargés du même travail pour M. Pitou et son syndic, préludèrent par ces révélations et firent au préfet et à M. Humann, leurs observations opposées en faveur de l'admission de la créance; il leur fallut, pour conserver leur place, conclure, malgré leur conscience et contradictoirement aux pièces, selon la volonté du ministre Humann, cédant à la funeste nécessité ou la secondant malgré le Roi, pour acquérir le renom de grand financier...

N° 43. — Les nouveaux commissaires de l'ancienne liste civile, réunis au ministre des finances de 1831, pour éviter le scandale de leur fatale complaisance *à la funeste nécessité*, demandent au pouvoir exécutif, l'autorisation de payer la créance Pitou.

En 1834, le chef des finances, pour enfermer le mandataire, le syndic et les créanciers dans son expédient de l'article 3 de la loi du 8 avril 1834, fait faire un faux enregistrement des titres et prend des conclusions analogues à sa pièce supposée qu'il tient secrète pour gagner du temps et arriver à un *délai passé* et à une fin de non-recevoir, par un moyen si captieux et si peu honnête, que l'ancien barreau eût fait justice d'une pareille indélicatesse de la part de l'un de ces membres; en descendant ainsi au-dessous de lui-même, le pouvoir responsable relève la cause et prononce contre lui-même en faveur de son adversaire.

En 1836, le troisième ministre des finances opine comme le premier : son excellence enchérit sur son prédécesseur et sur le Roi et sur le président du conseil des ministres de 1831 : parce qu'il a lu *le rapport du* 20 *novembre* 1833. *Le paragraphe* 39 *réuni à la pièce judiciaire du* 15 *mars* 1828, *la révélation des faux et la délibération du* 8 *février* 1829, lui font tirer contre M. Humann : la réponse péremptoire à ses deux lettres de 1834 et 1835.

N°44. — En 1831 et années suivantes, le chef du pouvoir exécutif avoue qu'il *est sous l'Empire de la funeste nécessité* : pour encourager le pétitionnaire à recourir à la justice, il appuye indirectement la nomination audit pétitionnaire d'un avocat d'office au conseil d'état... Depuis 1835, le chef de la justice, à l'opposé du nouveau ministre des finances du 22 février 1836, laisse dormir cette affaire dans les cartons : ce département silencieux cède-t-il aux insinuations du fisc ou au *délai passé* par la non-signification à qui de droit d'une pièce essentielle? Si la *funeste nécessité* paralyse M. le garde des sceaux, si tous les sanctuaires de la justice sont fermés aux pétitionnaires, à qui peuvent-ils s'adresser? Si en 1835, le pouvoir irresponsable a fait tout ce qu'il pouvait pour le pétitionnaire auprès du chef de la justice, comment ce département est-il muet?

N° 45. — Pour s'arrêter aux opinions de M. Humann, dans l'affaire Pitou; il faut dire avant tout, en présence de la soustraction des titres : « il n'est rien dû par l'état » à M. Pitou et aux siens, si l'état ne doit rien à per- » sonne; mais si l'état doit à quelqu'un, quelque lati- » tude qu'il prenne pour admettre ou rejeter ses obli- » gations, dès que le débiteur est convaincu d'avoir » détruit les titres de sa dette, il doit tout ce qui lui » a été judiciairement demandé, dès le principe de » l'instance extra-judiciaire. »

N° 46. — Le prédécesseur de M. Humann remit le portefeuille et eut besoin d'être grâcié par les deux chambres, pour les malversations d'un de ses subordonnés à la caisse.

En étudiant la conduite de M. Humann et celle de son administration dans l'affaire Pitou-Peccatte, s'il est prouvé mathématiquement aux trois pouvoirs réunis que le chef et l'administration des finances de 1834 à 1836, on fait perdre au trésor public une somme de dix millions, M. Humann intègre comme particulier, n'aurait-il pas besoin du bill d'indulgence de son prédécesseur? M. Viollet-le-Duc, et avant lui M. Pitou, ont si bien prouvé cet écart au chef du cabinet de M. le comte d'Argout, que le ministre et son chef de cabinet, en acceptant la transaction, ont répété spontanément :

Cette affaire est si juste, si claire et si bien prouvée, qu'il faut y faire droit à tout prix, et pour éviter les révélations qu'elle provoque, au besoin, il faudrait mettre des fonds en réserve pour la terminer.

Le nouveau ministre et son chef de cabinet, en s'expliquant sans détour et sans mystère, rendent hommage à la loyauté du mandataire du syndic et des créanciers; les uns se mettent au-dessus de la *fu-*

neste nécessité ; les autres, loin d'être plus exigeans, sont plus désintéressés et plus concilians.

N° 47.—Pourquoi cette affaire n'est-elle pas terminée en 1834 et 1835? Lorsque le chef du pouvoir venait au secours du mandataire, le chef du fisc secondant *la funeste nécessité*, arrêtait la puissance et les effets de la justice du monarque, et le rendait complice de la distribution de dix millions accordés, par l'article 3 de la loi du 8 avril 1834, aux créanciers de l'émigration, auteurs et coopérateurs des vingt-cinq *milliards d'assignats*, contrefaits au préjudice des créanciers de l'état, de Louis XVI, et de la liste civile. *La funeste nécessité*, secondée par les hommes du fisc, lequel peut forcer le prince à laisser opérer le mal, à son grand regret, sous le prétexte d'une économie homicide de l'honneur et de l'état, a bien plus de force pour l'empêcher de faire le bien, d'où dépendent la vie du prince et la stabilité des pouvoirs, appuyés sur la conscience et la justice.

N° 48. — Dès l'année 1826, le ministre et les trois examinateurs du dossier Pitou, lui disaient : « Attaquez-nous donc en justice, pour que nous « puissions prouver que nous sommes forcés de « manquer à nos engagemens ; attaquez-nous, vous « serez appuyé ; la puissance qui vous arrête et « vous menace au nom du prince, enchaîne le « monarque et nous entrave comme lui. — Ce pou- « voir est invisible, leur répondait le mandataire ; « le monarque a reconnu mes titres, les a garantis, « m'a rendu l'honneur en se rendant solidaire de « mes engagemens; les créanciers et le syndic feront « ce qu'il leur plaira. »

N° 49. — « Je ne poursuivrai jamais mon bien- « faiteur. Si la puissance occulte qui l'enchaîne était

« saisissable, j'agirais; ce que je révélerais contre « eux retomberait sur le Roi. » (De 1826 à 1836, la position n'a changé en rien pour le personnel des deux rois; l'un a succombé sous le fardeau, l'autre a été assez adroit pour l'alléger sans le déposer, assez heureux et assez brave pour ne pas trébucher dans sa route.)

N° 50. — En 1836, la même voix puissante et secrète dit aux mêmes pétitionnaires, *de recourir à la justice.*

Jusqu'en 1836, une voix indirecte et puissante nous répétait sans cesse : *Adressez-vous à la justice. — A quelle justice? toutes les issues de son temple nous sont fermées.*

La mise à exécution d'une loi draconienne contre les dix mille titulaires de la liste civile, fournit à l'organe du ministère public le moyen d'indiquer aux pétitionnaires, sous quelles formes, *à quels juges et à quelle justice ils doivent recourir.*

N° 50 *bis.*—Le seize novembre 1836, la mise à exécution d'une loi draconienne de 1833, interprétée contre les titulaires de l'ancienne liste civile, contradictoirement au vœu du pouvoir judiciaire, fournit à M. le procureur du Roi, l'occasion de nous indiquer juridiquement le recours, l'appel et le tribunal suprême présidé par Dieu, auquel nous adressons, avec un très-profond respect, notre sort uni à celui des titulaires de l'ancienne liste civile.

Voici le fait pur et simple : les détails historiques qu'il réclame, trouvent place dans notre parallelle (*ci-après n°* 51.) des titulaires de l'état et de Louis XVI, avec ceux de l'émigration.

« Le 16 novembre 1836, la veuve Laurens, née
« Hardelay, créancière du roi Louis XVI, et à ce
« titre, pensionnaire de l'ancienne liste civile, non
« liquidée comme dix mille autres depuis l'année
« 1830, âgée de 82 ans, déployait son brevet à
« Paris dans l'église Saint-Roch ; elle fut arrêtée
« comme mendiante et conduite en prison, malgré
« ses titres et malgré la réclamation de celui qui
« écrit ces lignes, qui la connaît depuis dix ans,
« et qui l'avait accompagnée chez M le commissaire
« de police. »

M. le procureur du roi l'interrogea, et sur la réclamation du fils de cette créancière du Roi, accompagné de L.-A. Pitou, le magistrat prononça sa liberté, en lui annonçant *que la récidive entraîne une détention illimitée*.

« M. le magistrat, lui dit-elle, que faut-il faire
« quand l'état et le Roi, qui vous doivent, ne vous
« paient pas ?

— « J'en gémis, madame, mais la loi contre la
« mendicité est précise ; adressez-vous aux POUVOIRS
« COMPÉTENS. »

— « M. le magistrat, l'organe judiciaire du mi-
« nistère public est l'un de ces pouvoirs. »

— « La justice soumise aux conflits, est subor-
« donnée au pouvoir suprême, lequel doit connaître
« de vos droits. »

« Les deux Chambres législatives, les trois pou-
« voirs réunis, le roi, les ministres, en conseils, de
« cabinet, des ministres et d'état, les législateurs
« et les juges des cours suprêmes, judiciaires et
« administratives, sont les pouvoirs compétens indi-
« qués par vos titres.... »

C'est à tous ces pouvoirs présidés par Dieu, que nous nous adressons avec une confiance pleine de respect.

L.-A. PITOU.

Signé aux originaux remis aux deux Chambres législatives, les 16 et 17 mars 1837; au président du conseil des ministres, le 21 mars suivant, et aux présidens des cours de cassation et royale, le même jour 21 mars.

L.-A. PITOU; ALPHONSE PECCATE, au nom des créanciers; LAURENS, fondé de pouvoir de sa mère, JULIE LAURENS, veuve, née HARDELAY.

N° 51 et dernier. — L'indication de deux titulaires, créanciers de l'état, de la couronne de Louis XVI, amène au résumé et aux conclusions de ces révélations, par le parallele des titulaires de l'état et du monarque, avec les titulaires de l'émigration.

Les premiers sont condamnés à mourir de faim ou à se suicider, par une décision exécutée depuis sept ans.

De 1830 à 1837, la répartition des secours a donné au mandataire, pour chaque année, 152 fr. 75 centimes.

Les autres, par l'article 3 de la loi du 8 avril 1834, héritent du prince qu'ils ont sangsuré dans l'émigration, depuis son retour en France, et depuis son avènement au trône ; ils héritent du prince qu'ils ont détrôné, poursuivi, proscrit, dépouillé et maudit en 1836.

Ils héritent au détriment de l'état et au détriment des véritables créanciers de la monarchie, qui ont rougi de s'acharner au pas d'un illustre infortuné. Ceux dont il a reconnu les titres pendant qu'il régnait, ne s'étant présentés qu'après sa mort, sont exclus par le *délai expiré* ; ils sont exclus pour n'avoir pas renoncé aux titres de Français et de créanciers non émigrés ; ils sont exclus et déclarés émigrés, parce qu'ils n'ont point émigré...... Voilà le secret pratique de l'article 3 de la loi du 8 avril 1834. De 1830 à 1837, ces Français condamnés à mourir de faim ou à se suicider, ont bien droit de dire : tout *est perdu pour nous fors l'honneur*.... Que dis-je ? le chef de l'état annonce, le 27 décembre 1836, dans le discours d'ouverture de la session de 1837, qu'il se propose de faire *régulariser ce qui ne l'est pas*, et dans cet instant même, on attente à ses jours... Le punissent-ils de vouloir être juste, nécessaire et puissant ? le punissent-ils de ne pas leur ressembler ?

L'organe de la justice du 16 novembre 1836, secondant le vœu du monarque, accueille avec bienveillance le fils de la veuve Laurens, (née Hardelay) et L.-A. Pitou, qui vont le remercier de la liberté qu'il a rendue à la créancière de Louis XVI. Ce magistrat veut connaître les titres des réclamans.

M. Laurens expose l'origine de la famille de sa mère, nommée Hardelay : Ses aïeux étaient fermiers du domaine de Saint-Cyr, sa mère a été élevée dans ce couvent.

Nos parens payaient leur fermage d'avance, quand on le désirait ; la cour les nomma ses fournisseurs en son, foin, paille et avoine; Louis XVI fit de même jusqu'au 10 août 1792. Mes parens firent des avances toujours bien réglées et jamais bien payées.

Après le 10 août, la République, pour s'acquitter avec eux, les poursuivit et les emprisonna. Les sous-fournisseurs à qui ils devaient, les actionnèrent et les firent exproprier, pendant qu'ils étaient en fuite ou en prison.

Durant la terreur, le délai pour réclamer étant passé, à leur retour, ils se trouvèrent expropriés et ruinés ; les enfans, dispersés comme les titres, ne savaient comment réclamer ; la forme et les prescriptions légales ou illégales, consommèrent les actes de la révolution

A la rentrée des Bourbons, le roi Louis XVIII fit reviser ces titres : ma mère seule survivante des enfans, en avait recueilli ce qu'elle avait pu pour elle, ses neveux, et ses enfans, dont elle est la tutrice naturelle.

M. le duc de Blacas et ses successeurs, exigèrent au nom du Roi, d'abord des sacrifices, ensuite la remise des titres originaux ; ils firent des arrêtés de compte, des promesses toujours ajournées et restées sans effet. La commission du 2 août 1828, fixa les comptes. Une pension de trois cents francs, donnée pour garantie de la créance, fixa sur ce point l'opinion de M. le comte Daru, et celle de la commission ; cette pension fut payée exactement jusqu'au mois de juillet 1830, qu'elle eut le sort des dix mille titulaires de ce département.

Cette pension est inscrite dans la liste générale de la liste civile, distribuée à la Chambre des Députés en janvier 1835, *sous le numéro sept mille quarante-sept*, *Laurens*, (*Marie Julie*, *née Hardelay*, *veuve, créancière du roi Louis* XVI, *et à titre, pension de trois cents francs*, non liquidée.)

La liste des secours législatifs, imprimée en 1835, inscrit ma mère *pensionnaire de* 300 *francs, comme mère de deux officiers morts au service.* Elle réunit les deux titres. Si ce second titre est substitué au premier, il s'éteint avec elle ; mais la pension constituée comme gage de la créance royale, est un représentatif pour ses enfans et pour ses neveux.

A son âge, (82 ans et 84 ans, 15 décembre 1838,) ces omissions, ces variantes, ces transpositions lui tournent la tête. Voilà comme elle paraît demander l'aumône à notre insçu et sans notre aveu.

Peu après le 29 juillet, le chef du département de la liste civile lui donne audience et lui dit : « Oh ! « pour cette fois-ci, Madame Laurens, vous serez « payée aussitôt que nous aurons des fonds ; car « votre créance est légitime et n'a rien de commun « avec celle de ce chanoine tréfoncier de Liège, chef « des créanciers de l'émigration. » Peu de jours après, ce même chef du même département signe une lettre portant ces mots : *A Madame veuve Laurens Hardelay. Madame, vos titres sont périmés.* Nos titres sont aux archives de la couronne ; nous y retrouverons ce qu'on voudra bien nous communiquer.

Depuis 1830, sur sa modique pension, ma mère ne reçoit que des secours ; nos malheurs, son grand âge et toutes ces vicissitudes, vous expliquent les pénibles circonstances *d'un délit* dont nous la distrairons, jusqu'à notre dernier soupir.

Le magistrat répondit : *la justice du pouvoir compétent, composé comme vous le comprenez, fixera votre sort.*

L.-A. Pitou, interpellé à son tour, décline son nom,

nom, ses titres invoque les archives du palais de justice, indique ses jugemens aux tribunaux révolutionnaires, résume le contenu de ce mémoire ; il détaille les lettres spéciales de grâce, que le premier consul Bonaparte lui conféra en 1803, pour n'avoir jamais émigré, et s'être prononcé courageusement et constamment en public, mille fois au péril de sa vie, contre l'émigration, la république et l'anarchie.

En le proscrivant, les républicains l'honoraient, *dit-il*; de 1814 à 1830, les émigrés l'ont poursuivi et volé, malgré les rois Louis XVIII et Charles X ; jusqu'à 1830, aucun de ses persécuteurs ne l'avait condamné à mourir de faim... De 1830 à 1837, il est inoui que, pour le spolier de titres officiels acquis judiciairement, le chef du fisc étouffe la justice, étouffe le témoignage de cent mille témoins ; que ce chef du fisc obtienne crédit ou adhésion ; qu'il traite de *bagatelles dont il ne faut pas s'occuper*, les faux qu'il commet ; *qu'il classe au rang des émigrés et des princes déchus*, celui qui, en 1803, arrêta l'émission d'un milliard de faux billets fabriqués, ici à Paris par l'émigration; (ici, le mandataire du roi Louis XVI exhibe l'aveu des coupables en faveur de L.-A. Pitou; *Pièce autographiée, numéro* 1 *et* 2.) Celui qui, en 1825, fut spécialement reconnu mandataire national et monarchique, pour avoir détourné le Roi et le ministre responsable, de livrer la France à l'Étranger pour dix milliards...... Le mandataire s'arrête après avoir exhibé les preuves de ces deux titres..........
.... « Vous aurez justice, Monsieur, lui dit le magistrat ; *la* FRANCE *et le* ROI *vous la doivent*, *ils* « *vous la rendront.* Rédigez et réunissez les révélations que vous nous indiquez ; terminez votre « ouvrage par l'historique de la cause qui vous a

« amené à mon cabinet, et par l'indication des « principaux titres de votre dossier. »

Voir les pièces ci-jointes, la déclaration des trois examinateurs du dossier, et l'aveu des faussaires pris en flagrant délit, *dossier secret.*

Vos mémoires imprimés sont entre les mains des cours suprêmes et des tribunaux; indiquez-les seulement en marge. (1)

Voici les principaux titres manuscrits du dossier qui est aux finances depuis la fin de janvier 1834:

1° Le texte du mandat, 2° la ratification de ce texte et de la créance; total, 5 pièces *jointes cinq fois au présent mémoire.*

2° L'interrogatoire sur faits et articles, pièce judiciaire du 15 mars 1828, joint au présent mémoire.

3° Jugement du tribunal de commerce de la Seine, basé sur le rapport du juge commissaire, du 26 septembre 1828, enregistré et déposé aux finances, le 20 novembre 1833.

4° Le dossier secret composé de douze pièces, adressé par ordre du tribunal de commerce de la Seine, au ministre de la maison du Roi, le 24 août 1828, non rendu malgré la réclamation du syndic et du tribunal; une copie conforme est enregistrée aux finances. (*Voir le rapport du 20 novembre 1833.*)

5° La décision de la commission du 2 août 1828, conforme au rapport du juge commissaire et au prononcé du tribunal. (*Voir le même rapport.*)

6° Le contrat synallagmatique et explicatif de tous les actes ci-dessus, passé avec le mandataire, le 15 novembre 1828, par le gouvernement: ladite pièce contenant le réglement de tous les comptes. (*Voir le même rapport.*)

7° L'historique des travaux de la commission du 2 août 1828, et des deux titres ci-dessus et du suivant, par le comte Daru. (*Voir le rapport du 20 novembre* 1833.

8° La délibération secrète et contradictoire aux pièces ci-dessus 5 et 6, soi-disant émanée de la même commission du 2 août 1828; ladite pièce en blanc, datée du 8 février 1829. (*Voir le rapport du 20 novembre* 1833.)

9° Le rapport du ministère des finances, du 20 novembre 1833, constatant les soustractions de pièces et les numéros d'enregistrement des pièces ci-dessus.

10° Les notes secrètes et diplomatiques adressées au ministre des finances, en mai et juin 1834. Ces notes constatent que le ministre a refusé audience au mandataire qui lui offrait un moyen légal de liquider la créance, sans bourse délier, et en outre, de faire rentrer au trésor public une somme de dix millions.

Le syndic, le mandataire et M. *Viollet-le-Duc*, connaissent ce moyen légitime, et offrent aux deux Chambres et aux commissions, de leur en faire part.

11° Le mémoire secret du 23 août 1831, remis au conseil du Roi et des ministres, par Monsieur de Schonen, qui concluait avec le ministre des finances de l'époque, à être autorisé à payer le mandataire, créancier de l'état et du Roi, pour éviter la publication des faux et des soustractions de pièces.

12° Le mémoire et les titres de la créance désignés ci-dessus, adressés au Roi, par le syndic des créanciers, le 30 septembre 1833; répondu par le Roi, le 9 octobre 1833, et renvoyé par ordre de S. M., à M. le baron de Schonen.

Toutes lesdites pièces, à l'exception des notes indiquées au numéro 10 ci-dessus, ont été remises par le mandataire à M. le marquis de Sémonville, dès le moment de l'admission de la loi du 8 avril 1834, par la Chambre des députés; M. le grand référendaire a recommandé spécialement par écrit, lesdites pièces à la très-noble Chambre, qui les a fait reporter au titulaire, après la sanction de ladite loi.

13° Le mémoire secret adressé les 20 et 22 juillet 1836, à Leurs Excellences M. le président du conseil et aux ministres de la justice, de l'intérieur et des finances; non répondu comme celui du 26 novembre 1836, complètent les révélations, *et sont du domaine des trois pouvoirs réunis.*

L.-A. PITOU.

Rue Saint-André-des-Arts, n° 9.

Paris, 15 *mars* 1837.

Au nom des créanciers,

Signé : ALPHONSE PECCATE, syndic,
Rue Bar-du-Bec, n° 1.

(1) Voyage à Cayenne, 2 vol. in-8° 1805.
Urne des Stuarts et des Bourbons, 1 vol. in-8°, 1815.

Analyse de mes malheurs, *contenant les pièces judiciaires*, 1 *vol. in*-8°, 1816, joint à l'envoi fait au président de la Chambre des députés; le 17 mars, à celui du 18, à la Chambre des pairs, à celui du 21 mars, fait au président du conseil des ministres, et aux présidens des cours de cassation et royale.

Toute la vérité au Roi et à la justice, sur des faits graves, touchant l'honneur de la maison de Bourbon, 2 vol. in-8°, 1820 et 1822, joints aux mêmes envois.

De l'incrédulité intéressée, avec les pièces, 1 vol. in-8°, 1825, envoi fait aux mêmes.

Pièces historiques, *secrètes*, *comptables*, 2 séries, 2 vol. in-8°, 1825 et 1826. Ces pièces contiennent les rapports des trois examinateurs du dossier Pitou, jointes à l'envoi, et portées par moi-même. L.-A. PITOU.

2me ET 3me PÉTITION

ET

RÉVÉLATIONS,

Avec Pièces à l'appui, aux trois Pouvoirs réunis,

EN 1838 ET 1839.

Paris, 4 avril 1838.

A la très-digne Chambre des Députés, et à M. DUPIN,
son digne président,

Répétée le 12 avril, à la suite de celle remise à M. de Belleyme, ce même jour, à son domicile, rue d'Orléans, au Marais, n° 8.

En 1838, les 13 et 15 février, 1er, 3, 4 et 13 mars, nous avons répété *la Pétition et les Révélations importantes*, remises par nous, avec pièces à l'appui, aux trois pouvoirs, les 17, 18, 21 mars 1837.

Notre remise à la Chambre des députés est du 17 mars 1837.

Le 11 avril 1837, M. le président Dupin nous a accusé réception desdites pièces, *et de leur enregistrement sous le numéro* 545.

Malgré nos instances, notre numéro d'ordre n'a point encore été rapporté.

Le 1er juillet 1837, à la dernière séance de la session, M. Dupin cède le fauteuil à M. Calmon, monte à la tribune, et répond aux réclamans de plusieurs autres *pétitions non rapportées* : « Qu'à « l'avenir, il serait à désirer que les demandes jugées

« par les commissions, être d'un intérêt général,
« arrivassent en premier ordre. »

Dans la définition *de cet intérêt général*, M. Dupin *analyse et indique nos titres.*

Le 13 novembre 1837, le Roi, bien informé de la pétition, de l'importance et de la portée des *révélations* qui l'accompagnent, nous autorise et nous engage à demander par écrit, une existence au monarque, ce que nous avons fait, et à suivre nos titres auprès des trois pouvoirs, ce que nous avons fait, et ce que nous faisons.

Les 13 et 15 février 1838, nous avons répété nos titres au Roi et à la Chambre des députés, à l'adresse de son digne président...

Point de réponse.

Le 1er mars 1838, nous avons renouvelé nos instances et joint *de nouvelles révélations aux premières.*

Point de réponse jusqu'à ce jour.

Nous demandons pour la troisième et quatrième fois, le 12 avril 1838, à la très-digne Chambre, par l'organe de son digne président et de M. de Belleyme, quelle direction elle donne à cette affaire, reconnue par le pouvoir exécutif, responsable et irresponsable, *comme étant secrète, unique et de premier ordre.*

Je suis, avec un très-profond respect, en mon nom et en celui de tous les intéressés, et autorisé par eux,

De la très-digne Chambre et de son digne Président,

le très-humble serviteur.

LOUIS-ANGE **PITOU**,

Rue Saint-André-des-Arcs, n° 9.

Paris, 4 *avril* 1838.

A M. de BELLEYME, *député et premier président du Tribunal de première instance de la Seine,*

Pour la Chambre et pour M. DUPIN, *son président, pour les pouvoirs législatifs et judiciaires.*

Louis-Ange Pitou, connu depuis quinze ans du législateur et de M. le premier président du Tribunal de première instance de la Seine, prie et supplie instamment M. de Belleyme, de vouloir bien lire et méditer *les Révélations* (le mémoire du 1er mars 1838 avec les suites) que L.-A. Pitou lui porte lui-même, rue d'Orléans, au Marais, n° 8.

Si le prédécesseur du Prince régnant, eut écouté M. de Belleyme, la branche aînée serait encore sur le trône.

C'est pour préserver la France d'une perturbation et d'un démembrement, et pour soustraire le Prince régnant et sa famille, à un sort menaçant et plus affreux que celui de Louis XVI et de Charles X, que ce mémoire est remis au législateur et au magistrat intègre, par un homme éprouvé depuis cinquante ans, pour sa fidélité à Dieu, à son pays, au monarque, sans rejet, sans acception personnelle, sans flatterie, sans inflence pour ou contre l'occupant du trône.

Au mois de mai 1831, un oracle de la justice que M. de Belleyme connaît mieux que personne, fut consulté par Louis-Ange Pitou, sur la marche qu'il devait suivre d'après le 29 juillet, sur son affaire de premier ordre, que M. de Belleyme lui déclara avoir étudiée spécialement comme *conseiller d'état*, comme *préfet de police*, comme *magistrat sous le roi Charles* X...

« Attaquez vos adversaires, vous le pouvez aujour-
« d'hui, *dit ce magistrat*; ne mettez point d'oppo-
« sition à la liste civile, votre demande ne peut
« être confondue avec celle de ce tréfoncier de Liège,
« chef de l'émigration des vingt-cinq milliards de
« faux assignats, fabriqués à l'étranger.. »

« L'état vous a reconnu pour son créancier, et
« le gouvernement, qui a répondu par écrit en jus-
« tice, de votre créance, de votre faillite faite pour
« lui, et de votre réhabilitation, est votre tuteur et
« votre syndic de fait et de droit. » (1)

(1). (Cet acte judiciaire fait partie des révélations remises aux trois pouvoirs, en 1837 et 1838. Voir les pages 60 et 65 de cette pétition, l'opinion et le conseil donné aux réclamans, par M. le procureur du Roi.)

« L.-A. Pitou répondit : Dieu, le serment et le
« secret de mon mandat, posent encore le sceau
« sur ma plume et sur mes lèvres, touchant des
« *révélations qui ramèneraient aujourd'hui un 29 juil-*
« *let et quelque chose de plus sinistre.* »

« Faites-nous confidentiellement par écrit, *reprit*
« *le magistrat*, au président ou au procureur du
« Roi, ou au président du tribunal, *ces révélations*
« *secrètes.* »

« — Dans le cahos des événemens, dans le conflit
« des lois, des opinions, des hommes et des partis,
« je ne le puis; que le pouvoir chancelant, étourdi,
« mal conseillé, mal informé, se refuse à l'évidence,
« un jugement interviendra; il sera rendu patent
« par cette formule impérativement légale *des portes*
« *ouvertes*. Voilà *mon serment et mon secret violés* par
« le texte du jugement... *Attendre, se taire et souf-*
« *frir, c'est mon devoir, je le remplirai.* (2) »

Après avoir attendu et sollicité en vain, pendant

six ans, en 1837, après la mort de Charles x, le cachet posé sur mes lèvres étant rompu, et toute voie administrative et judiciaire étant éludée pour le mandataire et pour ses créanciers, par des moyens extraordinaires, cette cause unique et insolite de premier ordre, est devenue par ce fait *la cause de tous les pouvoirs réunis.*

M. de Belleyme jugera de l'importance de cette lettre, de ce mémoire, et des *révélations*, par cet extrait :

Au mois de mai 1836, M. le comte d'Argout est ministre des finances, à la place de M. Humann qui s'est retiré subitement le vingt-un janvier de cette année, *après avoir proposé brusquement la conversion des rentes.*

M. le comte d'Argout, étonné de la conduite de son prédécesseur dans l'affaire de Louis-Ange Pitou, prend connaissance des titres officiels du réclamant, s'assure par les actes judiciaires, par le témoignage verbal et écrit du rapporteur arbitre, et par l'aveu des soustracteurs devant les tribunaux, en 1828, *de cent soixante-sept pièces originales* du dossier du demandeur ; aveu répété par écrit, le 20 novembre 1833, par le ministère des finances; M. d'Argout, convaincu que ces moyens, mis en œuvre pour éluder la liquidation, sont prouvés ; que son prédécesseur les a étouffés et mis à l'écart pour arriver au même but, se réunit au rapporteur arbitre, nommé par le gouvernement précédent, et conservé dans le même poste par S. M. Louis-Philippe Ier.

Tous deux en informent le Roi, le mandataire, le syndic et les créanciers.

« Le Roi dit à M. le comte d'Argout de lui pré-
« senter un rapport, et de lui faire une demande
« pour terminer cette affaire. »

Le mémoire ci-joint et les révélations, disent ce qu'il en résulte. comment l'affaire n'est point terminée, comment elle est unique et de premier ordre, comment elle devient aujourd'hui le domaine des trois pouvoirs, comment elle amènerait une perturbation en France, comment elle suspend le glaive sur la tête du chef de l'état.

Je suis avec respect,

M. le Président,

Votre très-humble serviteur.

L.-A. PITOU.

Rue Saint-André-des-Arcs, n° 9.

Paris, 12 *avril* 1838.

AU MÊME.

Paris, 20 *avril* 1838.

A M. de Belleyme, *organe des pouvoirs législatif et judiciaire, pour la Chambre des députés, pour son digne président, M.* Dupin, *et pour M. de* Belleyme, *législateur et magistrat intègre.*

Louis-Ange Pitou, âgé de soixante-onze ans révolus le 2 avril 1838, se présente respectueusement chez M. de Belleyme, pour prouver qu'il est vivant, pour répéter et confirmer le contenu de sa lettre du 12 du courant, et celui du mémoire qui l'accompagne.

Il se présente pour offrir, si quelqu'un en doutait, la preuve du texte de ces pièces, et les doubles des originaux qui seraient mis à l'écart sous le scellé ou sous le secret, par les pouvoirs qui les auraient reçus.

Si, dans la grave discussion de la conversion des rentes, les partis, sous le *nom de bien public*, se coalisent systhématiquement ou par habitude, contre le pouvoir responsable et irresponsable ; ils se réuniront tous et de bonne foi à une même opinion, après avoir lu les *révélations* et les mémoires des 10 octobre, 15, 30 décembre 1837, 13 mars et 12 avril 1838, lesquels ne sont remis jusqu'à ce jour, qu'aux très-illustres intéressés.

Je suis, avec un très-profond respect,

De la Chambre et de M. de Belleyme,

le très-humble serviteur.

L.-A. PITOU.

(2) *Voici comment je l'ai rempli pour mes syndics, mes créanciers, et pour la fidélité dûe au secret et au serment.......*

A la fin de 1830, la Chambre des députés, sur la demande des syndics de ma faillite, ordonna la remise d'une pièce secrète; j'en avais une copie dont j'avais promis de garder le secret à mes syndics et à la justice, jusqu'à une époque décisive indiquée. Les nouveaux commissaires de 1830, de l'ancienne liste civile, après avoir fait attendre les syndics pendant six mois, leur délivrent une copie en blanc, de cette pièce, avec leur signature pour garantie; c'est une pièce fausse.

Fidèle à ma promesse, à l'insçu de mes syndics, j'allai trouver M. le baron de Schonen, procureur-général de la cour des comptes, député, vice-président de la Chambre des départemens, et l'un des commissaires souverains de l'ancienne liste civile; je lui fis affirmer la vérité de la pièce qu'il avait délivrée ; M. de Schonen allait se fâcher de mon instance téméraire...

Je lui exhibai le véritable titre original judiciaire ; il pâlit, se troubla, relut ce titre en tremblant, et me dit en détournant les yeux : « Votre pièce est réelle, et la nôtre est fausse !..... Nous « faisons ressource de tous les moyens, pour étouffer les dettes. « — Cela me suffit, Monsieur, *lui dis-je* ; j'aviserai à ce que « vous ne puissiez pas démentir vos aveux. » Je les fis consigner authentiquement au Roi, à la Chambre des députés, au ministre de la justice, M. Barthe, et par écrit, par M. le comte de Rambuteau, par écrit dans son procès-verbal, dont il nous a délivré une copie authentique.

Le syndic et les créanciers, pour ne pas voir périmer leurs titres, se trouvaient enchaînés comme moi, et réduits à ne recourir qu'au pouvoir administratif. M. de Schonen et le ministre des finances de 1831, opinèrent au conseil des ministres, pour nous faire liquider ; le Prince régnant et M. Perrier firent classer la demande au cabinet du Roi, *avec le traité des États-Unis, nouvellement ratifié.* Le ministre des finances de 1834 à 1836, a été plus loin dans un procès-verbal que nous avons ; il fait écrire par ses subordonnés que, *dans ce moment où l'on fait ressource, les faux et les soustractions de pièces sont des bagatelles dont il ne faut pas s'occuper.*

Ce ministre, aujourd'hui pair de France, est à l'abri de la responsabilité ; mais ces assertions, qui n'échapperaient pas même au despotisme et à l'absolutisme, prouvent et justifient les trois premiers paragraphes de cette lettre.

PIÈCES

REMISES AUX TROIS POUVOIRS.

3 ***mars. --- Chambre des Pairs. M. le Chancelier.***
1 ***mars. --- Chambre des Députés. M. Dupin.***
13 ***mars. — Cour royale. M. Séguier.***
13 ***mars. --- Cour de cassation. M. Portalis.***
4 ***mars. A M. le marquis de Sémonville, grand référendaire honoraire de la Chambre des Pairs.***

Le mémoire du 10 octobre 1837, remis au Roi

et à M. l'intendant général de la liste civile, pour *les trois pouvoirs réunis*, cite les révélations remises aux pouvoirs législatif, judiciaire, exécutif, administratif, les 17, 18, 21 mars 1837 : il les indique, il les explique, il les détaille, il en joint de nouvelles aux précédentes ; enfin, il a pour garants Dieu et le monarque.

Ce mémoire doit être joint au *placet du* 14 *novembre* 1837, demandé par ordre du monarque, à Louis-Ange Pitou, mandataire de l'état et du *Roi*, *aux fins de donner une existence à ce mandataire; ce placet vient ci-après :*

Quels sont les actes officiels et authentiques de ce mandataire ?

Entre autres services, *il a affranchi son pays d'une dette de onze milliards*, etc., etc.

La France, la République, les Consuls, l'Empire, les rois Louis XVIII *et Charles* X, ont ratifié par écrit et en justice, l'obligation et la créance qu'ils ont réglées eux-mêmes de l'aveu oral et écrit devant les tribunaux, par le même rapporteur arbitre, M. Viollet-le-Duc, chef à la liste civile en 1825, du *domaine de la couronne*; en 1830 et 1831, gouverneur des Tuileries, en 1838. conservateur des palais. De 1825 à 1830, et confirmé par le Roi, en 1836 jusqu'à ce jour ; *trois fois, la créance ordonnancée par les rois Louis* XVIII *et Charles* X, *au moyen des faux et des soustractions de pièces, a été trois fois dérobée par certaine émigration*, comme il est constaté dans les révélations remises aux trois pouvoirs, *les* 17, 18 21 *mars* 1837.

Le ministère des finances et M. le pair de France, préfet de la Seine, comte de Rambuteau, ont confirmé par écrit cette soustraction de pièces dans leurs rapports du 20 novembae 1833, pièce dont ils nous ont communiqué l'original avec l'autorisation par eux d'en tirer copie ; ce que le syndic a fait lui-même pour donner à ce titre l'authenticité l'égale.

Cette même émigration, ainsi que le gouvernement de 1830, pour s'affranchir du payement : de leur aveu constaté en justice, et dans le rapport que nous venons de citer, aveu confirmé par le rapporteur arbitre, garants du fait, *ont soustrait du dossier, cent soixante et sept pièces originales.*

Ces pièces manuscrites (*ou imprimées plus tard, doivent être communiquées aux trois pouvoirs et jugées à huis-clos ou en public*), ainsi que les mémoires des 10 octobre, 15 et 30 décembre 1837, et 13 février 1838.

Ces dernières pièces de 1837 et 1838, répètent en 1838 la pétition ou révélation de 1837.

Les trois pouvoirs qui ont reçu simultanément *la pétition* ou révélations manuscrites en 1837, sont :

La Chambre des Députés, par son président *M. Dupin.*

Le 17 mars 1837, M. Dupin, législateur, et l'un des premiers organes de la Cour de Cassation, représente le double pouvoir législatif et judiciaire.

La Chambre des Pairs par son président et son grand référendaire.

Le 18 *mars* 1837, pouvoir législatif.

Monsieur le comte Molé, président du conseil, pair de France, *le* 21 *mars* 1837 ; en sa qualité de pair de France, de *ministre des relations extérieures* et de président du conseil des ministres, M. Molé représente le pouvoir législatif, exécutif et administratif, responsable et irresponsable.

Monsieur le baron Séguier, pair de France, premier président de la cour royale, *le* 21 *mars* 1837, Monsieur Séguier, pair de France, premier président de la cour royale, représente les pouvoirs législatif et judiciaire.

Monsieur le comte Portalis, pair de France, premier président de la cour de *cassation*, *le* 21 *mars* 1837, en sa qualité de pair de France et de premier président de la cour suprême de cassation, M. le comte Portalis représente les pouvoirs législatif et judiciaire....

Ainsi les *révélations* sont bien adressées et bien parvenues à leur adresse.

Les organes des pouvoirs législatifs et judiciaires ayant étudié spécialement et cette affaire insolite, et les grandes questions qui s'y rattachent, le mandataire à pris un soin particulier de grouper sans confusion les citations et les preuves.

La pièce qui suit étant une preuve, une annotation et faisant partie du texte, le mandataire la guillemette et la fait suivre.

« Ce *texte* de la *demande* que le Roi a fait indiquer à
« Louis-Ange Pitou, le 13 novembre 1837, pour lui
« donner *une existence*, s'adresse *aux trois pouvoirs*,
« mais spécialement à tous les organes *judiciaires*,
« *administratifs* et législatifs *de ces trois pouvoirs*.

« Sire...., votre majesté connaît mes actes et mes
« titres ; toutes les lois divines et humaines, ainsi que
« les pouvoirs législatifs, judiciaires et administratifs,
« réclament et prononcent en ma faveur : en 1825 et
« 1828, le gouvernement en corps, garantit par écrit
« la créance et s'engage en justice à liquider la fail-
« lite et à réhabiliter le mandataire.

« En 1828 les tribunaux de commerce et de pre-
« mière instance, enregistrent ces actes et les confir-
« ment : en 1829, le 1er juillet, le gouvernement
« prend de nouveau l'engagement authentique qu'il
« insère dans ses journaux, de liquider en 1830 les
« créances de l'état et du Roi, qu'il a ratifiées par
« contrat.

« En 1831, la demande est portée au tribunal de « première instance : le premier jugement est con- « firmé.

« En 1832, l'appel interjeté par le pouvoir à la cour « royale qui est le fisc, est rejeté.

» Une cour étrangère *par l'organe des demandeurs « illégitimes, mais seuls à créditer par le fisc et par les « lois de* 1830 *: opposées aux demandeurs légitimes, in- « terjette un réappel à la cour royale de Paris. Le* 11 *mars* « 1836, la cour royale de Paris confirme le premier « jugement, (*Gazette des Tribunaux* du 13 mars 1836) « Dans cette cause *insolite* et *nouvelle*, s'il y avait quelque « chose de nouveau sous le soleil, c'est par la cause « du demandeur légitime, que le demandeur illégitime « gagne pour la forme ; mais dans le droit et dans « le fait par la cause légitime, sa cause dont il dé- « pouille en sa faveur le fait et le droit légitime : tou- « jours dans la même marche de l'illégitimité affublée « du titre de la légitimité ; *réappel du pouvoir* ou plutôt « du fisc de France, de 1834 à 1836, réuni à la *cour « étrangère ; recours et réappel de la cour royale de Paris « à la cour suprême de cassation !....*

« La cour suprême, tout en alignant les lois an- « ciennes de la conscience et du droit, aux nouvelles « lois de 1830, le 2 mai 1837 ; confirme spécialement « en notre faveur, le premier jugement, maintenu « confirmé en notre faveur et doublement acquis pour « nous, par la nouvelle interprétation de la loi (*Ga- « zette des Tribunaux du* 5 *mai* 1837).

« Sire...., si toutes les lois, tous les magistrats, « tous les pouvoirs ; si l'homme, le Prince, le Roi, « sont impuissans devant LA NÉCESSITÉ, qui est la vio- « lence des parties ;... *Je demande une existence au mo- « narque, organe direct de Dieu ; sa conscience lui dit « qu'il me la doit......* »

Louis-Ange PITOU.

En 1837 et 1838, malgré *l'ordre* et la volonté positive de l'*homme* du *Prince*, et *du Roi*; depuis quatre mois, la loi est foulée aux pieds pour le mandataire ; son sort reste le même ; il mendie son pain à l'âge de 71 ans.....

Il a reçu pour réponse à l'invitation que le Roi a bien voulu lui faire adresser, le 13 novembre 1837, de demander *par écrit, une existence* au monarque ; il a reçu en 1838, le 26 juillet, *cent francs sur la liste civile*; le 7 novembre 1838, *quatre-vingt francs* de S. M. la reine.

Le 22 novembre 1837, cent cinquante francs de secours sur la liste civile de S. M. Louis-Philippe Ier.

Plus des neuf dixièmes de cette somme étaient acquis au dixième de ceux qu'il a réduits depuis sept ans, au même sort que lui, pour être venus à son secours ; ce mandataire étant forcé par le devoir de son mandat, pour *secourir* d'autres créanciers encore plus malheureux que lui, de faire *du fossé la terre, et de la terre le fossé.*

Le premier février 1838, il a reçu *en secours législatifs* pour toute son année, le huitième de sa pension de 1500 francs, *à retenue* constituée officiellement par écrit, *à titre onéreux*, et non liquidée depuis 1830......

A ce sujet, Messieurs, veuillez lire la seconde partie de son mémoire du 15 décembre 1837, et jugez les opérations et l'humanité *du fisc* de 1830, mais surtout de celui de 1834 à 1836, pour détrôner le Roi et ramener une révolution plus épouvantable que les précédentes, depuis 1789 jusqu'à ce jour.

Sur ce huitième de sa pension *de* 1500 *francs*, il reste au mandataire dix francs pour passer son année; le rapporteur arbitre vous prouvera, pièces en main, que si l'aumône n'est pas un peu abondante pour ce mandataire, il couchera dans la rue à la fin d'avril 1838, faute de pouvoir acquitter ses termes de loyers échus, montant à 437 francs 50 centimes. La note de la main du proprietaire est exacte et précise. Depuis un an la dette augmente; mais ce propriétaire, vraiment religieux et charitable, croit en Dieu, aux lois et à la justice.

Dès l'année 1837, ce tableau est extrait *des révélations* qui réfléchissent le sort des seize mille titulaires, dont la destinée depuis 1830, suscite au gouvernement vingt millions d'ennemis ou d'adversaires, qui lui attachent les pieds au-dessus d'un feu toujours plus ardent et plus étendu.

Pour obtenir un peu de répit à ce gouvernement, des organes subalternes de l'un des trois pouvoirs, (*la Chambre des pairs*), au nom de Monseigneur le Chancelier et de Monsieur le grand référendaire, duc de Cazes, se refusant de lire les *révélations* manuscrites, remises à la Chambre des Pairs, le 18 mars 1837, et enregistrées par elles sous le numéro 163, ont provoqué directement le syndic et les créanciers, à la publicité.

Des hommes du fisc de 1834 à 1836, encouragent ces provocations : *Laissez crier tous ces mendiants*, disent-ils au Roi, *ils ne peuvent rien, ils sont à moitié morts ; demain nous héritons d'eux tous.*

« *Monte, monte au tombeau, vieux chauve, vieux*
« *fou*, disaient les enfans de Béthel au prophète
« Élisée; il se retourne par l'ordre de Dieu... *Voyez*
« *le Survivant*, (4me *livre des Rois, chapitre* 2, *verset*
« 23, 24.) »

Cette affaire de premier ordre qui, étant dédaignée ou assoupie par ruse ou par violence, amène une perturbation en France, et suspend le glaive sur la tête du chef de l'état, ne peut être abandonnée à la publicité et à la connaissance de toutes les opinions, que par le *silence libre ou forcé des trois pouvoirs*.

Ce *silence* et cette provocation qui continuent depuis un an, laissent le syndic, les créanciers et le mandataire, maîtres du secret de l'état.

Depuis plus de treize mois, l'inexécution de l'ordre du Roi, pour assurer une existence au mandataire, est un fait, de quelque part que procède ce contre-ordre secret. (Voir le *numéro* 25 du rapport des examinateurs du dossier, allocution du mandataire.) Malgré les efforts du Monarque et ceux du rapporteur arbitre, pour donner à la justice son cours légitime; ce même *silence* qui réduit le mandataire à être bientôt, à l'âge de 71 ans, sans asyle et sans pain, et à abandonner indistinctement à tous ses créanciers et à toutes les opinions, le texte justifie de ses titres et de ses révélations, est une autorisation donnée à *leur publicité*, dont les auteurs du contre-ordre sont seuls responsables.

« En 1834, le chef du fisc, plus cruel et plus « avide que celui de 1829, voulut étouffer le man- « dataire et prendre sa place sur-le-champ. (*Les* « *révélations* et les mémoires *des* 10 *octobre*, 15 *et* 30 « *décembre* 1837, disent à quels moyens il eut « recours.) »

« De 1834 à 1836, le chef des finances réduit « une demande et une affaire diplomatique et se- « crète, au raisonnement de Barême, et par spé- « culation, à celui de M. *Raffle de Turcaret*... Ces « combinaisons, ces calculs, ces contre-sens, sont « des fautes graves qui compromettent aujourd'hui « et le ministre de l'époque, (*qui est aujourd'hui* « *pair de France*), et l'autorité royale.

Extrait des révélations et des mémoires des 10 octobre, 15 et 30 décembre 1837, remis directement au Roi et à M. le comte de Bondy, par le rapporteur arbitre, nommé intermédiaire entre le pouvoir suprême et Louis-Ange Pitou.

Ce mémoire du 30 décembre 1837, complément des révélations, est le titre qui devrait surtout identifier, pour le salut et dans le secret de la conscience, de l'état et du monarque, *l'homme*, *le Prince et le Roi*, *à l'état et au monarque*...

Un *silence* aveugle, téméraire, irréfléchi, séparant depuis quatre mois ce qui doit être indivisible, a déterminé le mandataire de l'état et du Roi, à adresser au Roi, à M. l'intendant général de la *liste civile*, et à M. le président de la Chambre des députés, le 15 février 1838, le mémoire du 13 dudit mois, remis au Roi par le rapporteur arbitre.

Les chefs *des trois pouvoirs*, qui ont reçu les révélations manuscrites, les 17, 18, 21 mars 1837, reçoivent ces mêmes documens en 1838; ces documens répètent en 1838, la demande de 1837.

Alors le mandataire est affranchi du secret envers l'état et envers ses créanciers, par ce texte *des révélations*.

Révélations numéro 22.

« D'après les soustractions de pièces, les faux et les provocations du chef des finances, (*et le* 25 *juin* 1837, *d'après la nouvelle provocation faite au mandataire, par le secrétaire des pétitions de la Chambrè des pairs*), d'après le silence des ministres, si le titulaire officiel de l'état et du Roi eût adressé ce *tableau* et ces malheurs immérités, à la génération et aux quatre cent mille témoins des actes nationaux et monarchiques de son mandat, scellé de son sang et de ses larmes, depuis 1830, son pain eût été moins dur et bien plus abondant ; mais Dieu, la conscience du mandataire et la vôtre, Messieurs, lui disent qu'il *est des vérités redoutables* dont la France, très-dignement représentée par vous, ne permet la publicité *que d'après votre assentiment.* »

Le *silence* pendant un an, les provocations répétées, et le *contre-ordre* à *l'ordre* du monarque, sont des garanties de *cet assentiment.*

En 1826, à la liste civile, les adversaires de Louis-Ange Pitou, confondus dans leurs moyens, dirent au Roi que le véritable Pitou était mort, et qu'un autre, sous son nom, faisait des mémoires apocryphes ; il écrivit et se présenta en personne.

En 1838, on use des mêmes moyens ; *il écrit*, *il demande audience*, *on garde le silence* pour s'autoriser *à dire qu'il est mort.*

Le même rapporteur nommé arbitre de 1825 à 1838, en confirmant le texte des pages 5, 6, 7, 8, 9, 10, 11, 12, jusqu'à 28, dit aux pouvoirs de toutes ces époques :

« Si le véritable Pitou est mort, celui qui écrit « ces mémoires est un faussaire ; attaquez-le, ou « votre cause est perdue; vous êtes flétris, désho- « norés, mais impunis tant que dureront votre « puissance ou votre crédit. »

Que les *deux Chambres législatives*, que les *trois pouvoirs* réunis, jugent par la pièce ci-jointe, *si Louis-Ange Pitou est vivant*, *et s'il prouve* ce qu'il annonce dans ce mémoire *du* 13 *février* 1838.

Je suis avec un très-profond respect,

Messieurs,

Votre très-humble serviteur.

LOUIS-ANGE PITOU,

Rue Saint-André-des-Arcs, n° 9.

Paris, cejourd'hui 15 *mars* 1838.

Paris, 13 février 1838.

A M. le comte de Bondy, intendant général de la liste civile.

MONSIEUR LE COMTE,

« D'après le mémoire de Louis-Ange Pitou, du 10 octobre 1837, adressé au conservateur des palais, pour *le Roi, pour les trois pouvoirs réunis*, et pour M. l'intendant général de la liste civile, Sa Majesté ayant approfondi la portée et les conséquences *des révélations*, et celles dudit mémoire, qui doit être transmis, ainsi que les autres pièces, aux *trois pouvoirs*, soit par la liste civile, et à son refus, par le mandataire, a confirmé dans le même poste, le même rapporteur arbitre choisi par le gouvernement de 1825 à 1830. »

« *Le* 13 *novembre* 1837, Sa Majesté, par l'organe de M. le comte de Bondy, a fait dire à Louis-Ange Pitou par ce même rapporteur, « de demander par « écrit, une existence au monarque, et de baser « sa demande sur les antécédens relatés dans son « mémoire du 10 octobre 1837, et sur sa pétition « et ses révélations remises aux trois pouvoirs, les « 17, 18, 21 mars 1837, » enregistrées en 1837 à la Chambre des pairs, sous *le numéro* 163, et à la Chambre des députés, le 11 avril, sous le numéro 545, et mises jusqu'à ce jour en délibération secrète. »

« Le lendemain, 14 novembre, Louis-Ange Pitou a remis sa demande, fidèlement rédigée d'après ces instructions. »

« En la recevant, le rapporteur arbitre lui annonça qu'il était nommé intermédiaire entre le pouvoir suprême et le mandataire officiel, reconnu créancier de l'état et du Roi, pour terminer cette affaire de premier ordre, dont il lui annoncera prochainement le résultat par écrit. »

« Le mandataire attendit une réponse jusqu'au 10 décembre ; n'en recevant aucune, il répéta sa demande, et en expliqua le sens dans un second mémoire daté du 15 dudit mois. »

« Ce second mémoire adressé au Roi et à M. le comte de Bondy, sous le couvert du même rapporteur arbitre, réclame une audience de Sa Majesté ou de M. l'intendant général de la liste civile ; le mémoire est parvenu à son adresse; le pouvoir a répondu à la demande, par un acte de bienveillance, daté du 22 novembre 1837. (*j'en rends compte dans le mémoire qui précède.*) »

« Dans l'intérêt moral et pécuniaire du trésor public et de la liste civile, et plus encore dans l'intérêt de l'état et de la conservation du Prince, la demande du 14 novembre, sollicitant une audience pour des moyens et des révélations de premier ordre, le mémoire du 15 décembre 1837, est un *véritable dépôt de conscience.* »

« *Ce dépôt de conscience* étant oublié, a été suivi d'un troisième mémoire beaucoup plus significatif que les deux autres. »

« Le mandataire de l'état et du Roi, étonné, effrayé et presque déconcerté de ce *silence* homicide de la monarchie et du Prince régnant, le 18 janvier 1838, a assiégé le cabinet du rapporteur arbitre; l'a prié et supplié de demander une audience bien plus indispensable pour le Roi, et pour M. l'intendant général de la liste civile, que pour le mandataire. »

« Point de réponse écrite, mais un nouvel acte *de bienveillance* et de justice, (1) préparé le 16 janvier 1838, par le ministre des finances, et consommé le premier février 1838, est une preuve de la remise des titres au pouvoir suprême, et de son examen sommaire des trois dépôts de conscience.. »

« D'après ces réponses effectives d'une part, et ce silence, de l'autre, il faut être bien fondé en titres et en motifs, pour insister sur l'obtention d'une audience. »

Je suis avec respect,

Monsieur le Comte,

Votre très-humble serviteur.

L.-A. PITOU.

Paris, 13 février 1838.

(1) Cet acte de *bienveillance et de justice*, est l'accord du huitième de la pension *de quinze cents francs en secours législatifs*, liquidé le premier février 1838, par le trésor public, comme je l'ai dit dans l'exposé précédent.

La vérité qualifie sans flatterie, cet acte *de bienveillance et de justice*, pour deux motifs.

1° De 1833 à 1837, ces fonds législatifs n'étaient distribués que dans les derniers mois de l'année : les titulaires, pour les obtenir, étaient soumis à des conditions pénibles et avilissantes ; en 1837, ces conditions ont été abolies, et le secours est noblement distribué dans les premiers mois de l'année, mars ou février.

Voilà des actes positifs de bienveillance.

2° *Le* 8 *janvier* 1838, à la Chambre des députés, l'allocution du ministre des finances, à l'article du budjet, à l'occasion de *la conversion des rentes*, est une abnégation du passé, et une promesse de justice.

3° Le 30 novembre 1838, le pouvoir a eu les mêmes égards de bienveillance, pour les titulaires de l'ancienne liste civile.

A l'occasion du mémoire, *lettre* du 13 février 1838, du texte des *révélations* des 17-18-21 mars 1837, adressées aux trois pouvoirs : des mémoires du 10 octobre 1837, 15 et 30 décembre 1837, et 1 mars 1838.

Voici des révélations que *le pouvoir ne contredira pas*, et qui rappellent le conseil donné au successeur du roi Salomon, par les jeunes compagnons de plaisirs de Roboam, et par les anciens sages de la maison de David.

L'an 1830 à 1838, après Jésus-Christ, comme en l'année 976, avant Jésus-Christ, première du règne de Roboam, les jeunes conseillers du jeune Roi ont la parole, le crédit et l'autorité ; le Prince consulte les anciens sages pour la forme; l'opinion des hom-

(1) Le quinze février et le premier mars, M. Dupin, président de la Chambre, a reçu, avec des lettres explicatives pour la Chambre et pour lui, comme président, les mémoires du 13 février et du 1er. mars, le même jour qu'ils ont été adressés au Roi, sous le couvert du rapporteur arbitre.

Le 4 mars, M. le marquis de Sémonville a reçu le mémoire du 13 février et celui du premier mars.

Le 13 mars, M. le baron Séguier et M. le comte Portalis, ont reçu les mémoires des 13 février, premier mars, et les deux pièces ci-jointes.

L.-A. PITOU.

Le mercredi 28 mars 1838, ces deux pièces sont remises au Roi, par le rapporteur arbitre, avec cette inscription en tête de la première page blanche :

Au Roi. Révélations remises le 13 mars, à messieurs Séguier et Portalis. L'opinion de M. Portalis, page 1 et 2.

Le texte de la fin de la page 4, et la note de la page 5, méritent *l'attention du Roi* et de M. l'intendant de sa liste civile. Le rapporteur est prié de lire et d'expliquer ces pièces, pour le salut du Roi.

mes de plaisir de 976, comme celle du fisc de 1830, fait autorité, ils parlent les premiers et les derniers. (Voyez ce qu'il en résulte...)

Les deux rois d'un même peuple, Roboam et Jéroboam, dont le premier est fils du roi Salomon, et le second est né sujet du roi Salomon et de son fils, Roboam, son successeur, sont tous deux légitimés par Dieu, seul auteur de toute légitimité. (3me livre des Rois, chapitre onze, verset 26 à 40.)

Si Jéroboam, sujet de Roboam, eût préféré Dieu, sa justice, sa conscience, à sa politique et à son intérêt personnel, il eût régné légitimement, paisiblement, et son trône eût passé à son fils aîné, que Dieu en avait jugé digne, et qui mourut en punition de l'infidélité de son père. (3me livre des Rois, chapitre onze, verset 26 à 40 inclusivement. Jéroboam est légitimé par Dieu, simultanément avec Roboam. Même livre des Rois, chapitre 12, verset 25 jusqu'à 33 inclusivement. Jéroboam, infidèle à Dieu, étant prévenu par un miracle, de la punition qui suivra son infidélité, y persiste. (3me *livre des Rois*, *chapitre* XIII, *verset premier à* 10.) Le fils aîné de Jéroboam, jugé digne du trône par Dieu lui-même, meurt aussitôt après l'infidélité et la désobéissance de son père. (3me *livre des Rois*, *chapitre* XIV, *verset premier à* 14, *inclusivement.*) Le même prophète qui a sacré, par l'ordre de Dieu, Jéroboam, roi des dix tribus d'Israël, lui annonce la mort très-prochaine de son fils aîné, la sienne et l'extermination de sa postérité, par un de ses sujets qui s'emparera de son trône ; ces malheurs, dont le roi Jéroboam a rendu son peuple complice, volontaire, *lui dit le prophète*, atteindront de nos jours toute la maison royale. (Même chapitre du verset 15 jusqu'à 20, inclusivement.)

Haaza de la tribu d'Yssachar occupe le trône de Jéroboam, et assassine tous les fils et la postérité entière de ce prince. (*Ibidem, chapitre* XV, *verset* 25 *à* 30, *inclusivement.*)

Roboam, infidèle à Dieu, à la probité et à sa conscience, en préférant l'avis des jeunes compagnons de sa cour, au conseil des sages et des juges, perd dix parties de ses sujets et de ses états, reconnaît sa faute, s'en remet à Dieu du jugement de ses sujets dont il a provoqué la rebellion, redevient seul légitime; les deux douzièmes de son peuple et de son royaume, lui suffisent à l'aide de Dieu, pour affermir la stabilité de son trône, ébranlé de nouveau toutes les fois qu'il est infidèle à ses engagemens par lui-même ou par ses successeurs.

A la place des amis et des jeunes conseillers de Roboam, substituez *les amis du fisc*; ces hommes en faveur ont lu le placet du 14 novembre 1837; ils ouvrent dédaigneusement les livres (précités) des *Rois et des Paralipomènes*, et donnent les mêmes avis après, comme avant Jésus-Christ.

« *Quelles citations fanatiques! et quelle audace dans ce placet d'un mendiant!... Le petit doigt du Roi* (joint au nôtre) *est plus gros et plus fort que celui de ces seize mille cacochymes*!...Que la bienveillance, que la charité leur accordent quelque secours; à la bonne heure! S'ils parlent de droits de jugements, de lois, de tribunaux, de cour suprême, qu'on les jette dans les catacombes; ils ont vécu huit ans de trop!

Depuis 1830, la Gaule et la grande cité de France, reconstruites, alignées, embellies, enrichies de palais somptueux, de monuments de tous les arts, prêtes à recevoir à la fois tous les peuples du monde accourant chez elles sur les ailes du vent par des milliers de routes et de canaux, vainqueurs des anciens obstacles téméraires des éléments soumis à l'industrie et au génie de juillet 1830,..... voilà les trésors de notre époque et de notre génération!.....

Ils nous coûteront quelques sacrifices de vieux scrupules, et ceux de quelques milliards, mais leur préférerons-nous les vieux possesseurs des vieux contrats du temps passé?....

Les trésors de la *conversion des rentes* passeront-ils sous les yeux des monarchistes républicains pour l'acquit de dettes *prétendues imprescriptibles* d'un état et d'un gouvernement esclaves d'une religion et d'une probité serviles?... Non. Les patriotes en hériteront... Ce langage des hommes du fisc de 1830 à 1838 est la propagande que répètent les jeunes adeptes qu'ils introduisent dans toutes les administrations.

Nos principes sont les vôtres, *disent-ils à leurs protecteurs secrets*; mais, dans cette affaire de premier ordre, *disent ces protégés*, le rapporteur arbitre est inflexible; il a signé les actes en justice; il ne peut revenir sur le passé. — Ne peut-il pas perdre la mémoire, et dire, au besoin, qu'on a surpris sa signature?... Il l'a donnée librement, en parfaite connaissance de cause, *dit-il*; il la répète depuis 1825 jusqu'a ce jour; il préfère sa conscience et la vérité à toutes les faveurs des Rois, et c'est par ces motifs que Louis-Philippe 1er l'a continué dans ses mêmes fonctions de rapporteur arbitre.

Pourqui n'a-t-il pas prescrit à cet homme de taire ses antécédents, et de s'en rapporter à la bienveillance de son maître? — Ce pétitionnaire, dans cette cause originale, est aussi original que son rapporteur; loin d'être à charge à la liste civile et au trésor public, il prouve moralement et mathématiquement, qu'en le frustrant de ses droits sanctionnés par toutes les cours de justice, on frustre l'état et le Roi de plusieurs millions, dont ce mandataire ne réclame qu'une parcelle pour ses créanciers, qui sont ceux de l'état, du Roi et du monarque. — Mais le rapporteur devait lui dire : faites abandon et ne réclamez que pour vous seul, on vous fera un sort honorable et insaisissable. — Il a fait dix fois tous les abandons qu'on lui a demandés ; dix fois le gouvernement lui a fait des promesses et a pris avec lui des engagements écrits, que le fisc a annulés par tous les moyens.

Ce mandataire ne peut pas, *dit-il*, faire abandon à son débiteur, du lot des créanciers de l'état et de son honneur personnel ; il consent à mendier son pain, à mourir insolvable, à renoncer au salaire qui lui est acquis au prix de son sang ; mais il prétend, comme son rapporteur arbitre, qui lui enjoint de tenir ferme sur ce point : qu'il deviendrait complice des faussaires et des soustracteurs de pièces de son dossier, s'il abandonnait ce qui ne lui appartient pas :— puisqu'ils refusent de faire ce qu'il faut, qu'on les jette dans les Catacombes !.....

— Certaine émigration qui songeait à cet expédient, recula malgré elle, et le fisc qui y travaille depuis 1830, se retire et recule au moment de l'exécution en 1836, le 21 janvier. En 1836, 1837 et 1838, des ennemis implacables et secrets du pouvoir inconnu par les victimes qu'on frapperait, soupirent après leur mort pour la venger...

Si ces hommes avaient su que le fisc demandait cet abandon au mandataire, pour s'en prévaloir et ne payer ni l'un ni l'autre, ils lui eussent remis sa dette personnelle, se fussent déclarés ses débiteurs, pour voir venir le fisc, le prendre sur le fait du mensonge et du parjure, le juger et le frapper du même coup.

Deux millions de Français sont pécuniairement et moralement intéressés à cette cause unique, et quinze à dix-sept millions de monarchistes purs attendent l'issue de cette affaire de premier ordre, pour se prononcer pour ou contre le gouvernement. » (1)

(1) Méditez bien ces passages, vous tous, chefs des trois pouvoirs, pour comprendre toute l'étendue de ce texte ; demandez-en l'explication aux deux serviteurs du Prince, qui ont remis au monarque le placet du 14 novembre 1837, signé Louis-Ange Pitou.

Pour moi, je transcrirai ces pièces tant que je le pourrai, et je les adresserai sans relâche, aux chefs des trois pouvoirs.

Dieu, ma conscience, mon pays me l'ordonnent, pour prévenir le régicide et la perturbation de la France.

Depuis sept ans et demi que la torture, au nom de la justice, interroge, juge et frappe ces seize mille victimes, la mort lui répond et lui crie en vain : « Oh ! ma sœur ! tu m'assassines et tu m'anéantis ! « elles se multiplient sous ma faux ! La Vérité et la « Justice les ressuscitent, les vengent, les glorifient ; « elles sont immortelles, et moi je ne suis plus « rien !.....

« — Ma Sœur ! *lui répond la Torture*, nos domaines » ne sont-ils pas communs, depuis la création du « monde ? N'avons-nous pas fait vivre et mourir dix « millions de fois, pendant des siècles, le meurtrier « d'Abel ?

« Le fisc qui nous fit torturer pendant trente-trois

« ans le rédempteur du monde, qui l'acheta de l'un « des siens, pour nous le faire assassiner, ce fisc, « torturé d'abord, pendant trente huit ans, pour ce « forfait, ensuite exterminé, expatrié, fugitif, errant, « mort et vivant, ne dit-il pas au monde entier, jus- « qu'au temps marqué par son auguste victime : mon « exil, ma mort, ma vie, mes tourments, l'exécration de « l'univers, n'ont point encore expié mon Déicide ? »

« Depuis 1830, le fisc assassin des seize mille vic- « times ; cesse-t-il d'entendre jusqu'à ce jour cette voix « de vie et de mort : Caïn, qu'as-tu fait de ton « frère ? »

Louis-Ange PITOU.

A Messieurs les Présidens des cours royale et de cassation.

Paris, 13 mars 1838.

A l'âge de 71 ans, révolus le 2 avril 1838, je prie les très-illustres organes de la France et des trois pouvoirs, d'excuser mon grifonage, et le retard involontaire que je mets dans l'envoi de ces pièces.

Le fisc, déconcerté dans tous ses moyens, étant réduit à dire : « que je suis mort, et que dans tous les « cas, les faux et les soustractions de pièces sont « des bagatelles dont il ne faut pas s'occuper, par « le temps qui court, où l'on est réduit à faire res- « source. »

Avant de répondre à cette étrange logique d'une prétendue *nécessité absolutiste*, il faut d'abord prouver que j'existe, puisque c'est moi-même qui réunis, transcris ces mémoires, et les porte moi-même aux pouvoirs *responsable et irresponsable,* aux deux Chambres législatives, et aux premiers organes du pouvoir judiciaire.

A l'âge de 71 ans, il me faut du courage, de la vigueur et de la patience, pour forcer mes adversaires à s'avouer vaincus, ou à m'attaquer en faux. Quels qu'ils soient, je leur en porte un noble défi, sans oublier ce que je dois aux rangs et aux personnes qui les occupent.

M. le comte de Portalis, premier president de la cour de cassation, m'a fourni d'abord à son insçu, le texte et le développement de cette lettre, qui est commune à tous les organes des trois pouvoirs.

« Peu de mois après que j'eus remis les premières révélations aux trois pouvoirs, (les 17, 18 et 21 mars 1837), M. le comte de Portalis réclama comme dette de l'état la partie à liquider d'une somme dont le roi Charles x avait gratifié M. le premier président de la cour suprême. Le conseil d'état prononça que la munificence du Prince sur le trône *était la dette de l'homme et non celle de l'état, ni celle du monarque.*

Un avocat à la cour royale de Paris, qui connaît mes premières révélations ayant eu une audience de M. le comte de Portalis, pour une affaire étrangère à la mienne, prit sur lui de demander à M. le premier président, à mon insçu et sans mon avis, ce que M. le président pensait *des révélations que M. Louis-Ange Pitou avait remises à son cabinet, le vingt et un mars mil huit cent trente sept.*

—*Monsieur,* dit M. le premier président, *le conseil d'état vient de prononcer contre moi.* — « Je le sais, « *M. le président*, mais M. Pitou est un mandataire « secret de l'état et du monarque, qui n'a fait ni re- « jet, ni acception de l'occupant du trône, et auquel « S. M.

« S. M. Louis XVI, lorsqu'il était encore souverain « maître en 1790, en s'excluant lui-même comme « homme, a conféré spécialement un mandat natio-« nal, monarchique et secret, pour rester en Fran-« ce, ne jamais émigrer et ne pas même suivre la « personne de Louis XVI, sortant de son royaume par « ou pour quelque motif que ce fût.

« Ce mandat positif, accompli fidèlement, est re-« connu officiellement, tant par sa teneur et ses « actes, que par la créance et la garantie écrite et « donnée par le pouvoir législatif, administratif et ju-« diciaire. »

Ce résumé est exact, *dit M. le premier président*; cette affaire est insolite et de premier ordre : il faut pour cela que les chambres votent des fonds. — L'avocat revint à son affaire et ne poussa pas plus loin.

« Comme je suis bien vivant, moi, et que per-« sonne ne me remplace, et ne se substitue à moi, « j'insiste d'après la réponse de M. le premier prési-« dent.

« Si l'affaire est insolite et de premier ordre, s'il faut « que les chambres votent des fonds pour la liquider, « le demandeur qui la présente n'est donc ni un fan-« tôme, ni un faussaire ; la demande est donc juste, « prouvée, admise. La funeste nécessité cesse donc « d'être despotique et absolue, et de *traiter de ba-« gatelle les faux et les soustractions de pièces.* Cette « nécessité, aussi honnête en 1837, qu'elle était im-« périeuse de 1834 à 1836, s'excuse tout bas de son « passé *sur son manque de fonds* : cette excuse est in-« admissible, puisque le mandataire ne réclame pour « ses créanciers, qui sont ceux de l'état, qu'une « parcelle des sommes que ce mandataire fait rentrer « au trésor public et à la liste civile. »

Quand le fisc aveugle et cupide dit au pouvoir suprême : « faites mourir à petit feu ce mandataire se-« cret ; vous prenez ses titres d'autorité, voilà l'af-« faire étouffée et les créanciers déboutés !....

Mais pas du tout ! Le prononcé des cours royales et de cassation, l'assentiment de toutes les hiérarchies judiciaires, la délibération des trois pouvoirs pendant un an et leur silence [forcé], est la confirmation de fait et de droit en faveur du mandataire et l'autorisation de fait et de droit de la propriété des titres ; de leur publicité et du désistement que l'état en fait, non seulement au mandataire, mais à son syndic ; mais à ses créanciers, dans la même force et la même puissance irrévocable, qui assure à la partie jugée la propriété d'un jugement irrévocable rendu pour ou contre elle.

Comme la cupidité fiscale donne et prend des conseils pour sa ruine ! Tant que le mandataire vivra, vous pouvez obtenir de lui des concesssions ; il a seul le pouvoir et le droit de suspendre et de modérer le jugement qui condamne son débiteur à remplir rigoureusement son obligation : *faites le mourir à petit feu* ; le contrat est irrévocable: Qu'en résulte-t-il pour la France, pour le chef du pouvoir suprême, pour les chefs et les premiers subordonnés des trois pouvoirs ? Par des conséquences secrètes et inévitables, que cette cause amène et qui occasionneront trop prochainement des explosions d'autant plus terribles, qu'elles ont été comprimées plus longtemps par des moyens funestes, les chefs des trois pouvoirs et leurs premiers subordonnés *sont captifs*.., dégradés, anéantis... Les vainqueurs les foulent sous leurs pieds, leur reprochent la victoire qu'ils ont remportée sur eux, se partagent la France et ne reconnaissent de dettes et de créanciers légitimes, que le mandataire, son syndic, le rapporteur arbitre, et ces créanciers légitimes et sacrés pour tous les gouvernemens, sans en excepter l'anarchie, qui se renie toujours elle-même; que ces créanciers qui, faisant pour Dieu et pour l'état, l'abnégation de leurs droits, de leurs intérêts, de leur personne et de leur avoir, se sont courageusement opposés au partage, au démembrement de leur pays, et au meurtre du Prince que l'Éternel, dans sa justice ou dans sa bienveillance, leur avait donné pour maître depuis 1830.......

Je suis, avec un très-profond respect,

Des trois pouvoirs réunis et du Souverain,

Le très-humble et très fidèle serviteur.

Louis-Ange PITOU,

Rue Saint-André-des-Arcs, n° 9.

Paris, 13 juin, 19 juillet 1838.

8 *Juin*, je prie le Roi *de venir à mon secours*, et de vouloir bien se rappeler la parole que Sa Majesté m'a donnée le 13 novembre 1837; le monarque ne fait pas faire cette demande sans avoir dessein de donner parole et de la remplir. (Voir ci-devant *cause unique et de premier ordre*, *pages* 11 et 12.

9 *Juin*, veille de la revue de la garde nationale parisienne, répétition de la même demande adressée à M. le comte de Bondy; à cette seconde demande, est jointe la décision législative des deux Chambres du premier au trente et un mai, qui autorise le gouvernement et le pouvoir exécutif responsable et irresponsable, à transiger à huit-clos, avec le man-

dataire officiel reconnu créancier de l'état et du Roi.

13 *Juillet*; ces deux envois étant sans réponse, je les répète le 13 juillet, et les adresse à Monsieur Viollet-le-Duc, nommé rapporteur arbitre; je les accompagne de cette lettre :

« Monsieur,

« Je joins à cette demande le titre législatif que le cabinet désirait en 1836, et que le Roi n'avait pas cru nécessaire; Sa Majesté désirait prévenir les révélations, et terminer l'affaire à huit-clos. La décision ne fut arrêtée que par le régicide d'Alibaud et par la dissolution du cabinet d'Argout, ministre des finances. »

« Malgré ces incidens, le ministère des finances de 1836, comme celui de 1831, opinaient pour terminer cette affaire. Son Excellence M. d'Argout disait que le manque de fonds était suppléé, parce que la demande était classée avec *le traité des États-Unis...* »

Cette troisième demande ne fut point répondue.

19 *Juillet*, une quatrième demande fut adressée au Roi et à M. l'intendant général de la liste civile, sous le couvert du rapporteur arbitre; elle accompagnait la lettre suivante du 19 juillet 1838, et fut répondue le 26 dudit mois.

19 *Juillet* 1838.

AU RAPPORTEUR ARBITRE.

« *Monsieur le rapporteur arbitre,*

« J'attends une réponse aux pièces et à ma lettre du 13 juillet courant; je sais que votre silence est involontaire. »

« Mais j'ai compté et je compte sur la parole que vous me donnâtes le 20 novembre 1837, en m'annonçant que mon exposé du 14 dudit mois, était exact et conforme aux titres, et au vœu du pouvoir. »

« Vous me dîtes alors *que non seulement* je devais compter « sur la restitution et l'arriéré de ma pen-
« sion de 1500 francs, constituée à titre onéreux
« et payable par le trésor public, en vertu des ar-
« ticles premier, 4 et 6 de la loi du 8 avril 1834,
« sur la liquidation de l'ancienne liste civile, mais
« sur l'acquittement des actes judiciaires que le
« gouvernement vous avait spécialement autorisé
« à signer, et à garantir le 15 mars 1828. »

« Le Roi, M. l'intendant général de la liste civile. ont médité les mémoires qui font suite à celui du 10 octobre 1837. »

Je suis avec confiance,

Monsieur,

Votre très-humble serviteur.

L.-A. PITOU.

DÉCISION

Des deux Chambres législatives, du 1er au 31 mai 1838, qui autorise le gouvernement et le pouvoir exécutif, responsable et irresponsable, à transiger à huit-clos, avec les mandataires patents et secrets, officiels, honorés de titres nationaux et monarchiques, accrédités par des actes irrécusables.

« La Chambre des députés, après de violens

débats dans les questions de la conversion des rentes, et dans celle des canaux et des chemins de fer, passe aux crédits extraordinaires du budjet de 1835. Ce budjet est le plus remarquable de tous les autres, depuis 1830 jusqu'à 1838. »

« L'article 9 de cette encyclopédie qui est le doit et l'avoir du trésor public, et celui des deux listes civiles des rois Charles x et Louis-Philippe Ier, est la clef qu'il convenait d'abandonner aux deux pouvoirs comptables. »

« La Chambre élective, à l'unanimité, oublie tous ses débats et fait à l'unanimité cet abandon qui prévient des révélations funestes à tous les pouvoirs ; le 31 mai, la Chambre des pairs fait de même. »

« Ce premier accord est insuffisant pour garantir au pouvoir exécutif, responsable et irresponsable, le droit de transiger sur les contrats secrets et officiels, justifiés par des pièces irrécusables. »

« Au mois de juin 1836, le Roi et le ministre des finances (M. le comte d'Argout), allaient traiter à huit-clos avec Louis-Ange Pitou ; le jour était fixé pour le lendemain du régicide d'Alibaud. Le cabinet intimidé et divisé par cette catastrophe, suspendit cette transaction jusqu'à l'obtention d'un titre législatif. »

« Ce titre a été obtenu le 15 mai 1838, à l'occasion des retenues faites aux légionnaires de l'Empire, depuis 1814 jusqu'à 1838. »

« Cette retenue est-elle légale ou administrative? Cette question, reproduite chaque année depuis 1814, fut écartée jusqu'en 1838, par des fins de non-recevoir, motivées sans explication sur les événemens de 1814 et 1815. »

« En 1838, la Chambre élective nomme une commission chargée de traiter la question à fond. Après un examen de quinze jours, et des séances de dix heures par jour, le rapport conclut par la même fin de non-recevoir du passé sans explication.

« Un débat très-orageux attaque ces conclusions : « le rapporteur étant poussé à bout, dit à la Cham- « bre :

« Messieurs, la question des retenues se réduit à « ces deux points : l'exécution des traités sanction- « nés qui s'exécutent fidèlement, est-elle de la « compétence et dans les attributions du pouvoir « législatif ou du pouvoir exécutif? Cette première « question résolue affirmativement en sa faveur, « par la Chambre élective, et contradictoirement « contre elle-même, par elle-même et par une très- « grande majorité dans les deux Chambres, en « faveur du pouvoir exécutif, est une double confir- « mation de la décision législative rendue à l'occa- « sion du traité des États-Unis. »

« *Mais*, continue le rapporteur, *voici une autre* « *question :* »

« Un traité patent qui enclave un traité secret, « dont l'un et l'autre font partie intégrante et dont « l'un déroge à l'autre, sont-ils tous deux dans les « mêmes attributions du pouvoir exécutif? »

Voici les articles patens et secrets du même traité *de* 1814 *et* 1815, *sur la solde des pensions de la Légion-d'Honneur.*

« *Par le premier article patent*, le paiement intégral « des pensions de la Légion-d'Honneur est main- « tenu. »

Par le second article secret qui suit le précédent,

« Les puissances alliées laissent la France libérée, « et déclarent leurs pays libérés des redevances « et des biens affectés par le gouvernement impérial,

« aux grands officiers et aux légionnaires de la croix « d'honneur. »

« Je ne puis, Messieurs, dit le rapporteur, vous « présenter la minute du texte de ce second article. « (*Le silence du président du conseil des ministres,* « *ministre des relations extérieures, est le titre histo-* « *rique et diplomatique.*) »

Le président pose alors la question en ces termes : *Passera-t-on à la discussion des articles?* La majorité qui se prononce pour la négative *par assis et levé,* se retrouve la même au scrutin. La décision exécutive du traité des Nords américains, devient règle de l'état et ancre de salut du pouvoir exécutif.

Cette double décision suprême, législative de 1835 et 1838, réunie à l'abandon précédemment fait de l'article 9, du compte de 1835 aux deux chefs du trésor public et de la liste civile, par la Chambre élective dans la première quinzaine du mois de mai 1838, confirmé par la Chambre des Pairs, le 31 du même mois, est le titre législatif que désiraient le monarque et le pouvoir exécutif, responsable de 1836, pour traiter à huit-clos avec Louis-Ange Pitou.

L.-A. PITOU.

Au Roi et à _Monsieur_ le comte de Bondy, intendant général de la liste civile.

Sous le couvert du rapporteur arbitre, datée du 31 juillet, remise le 2 août 1838.

SIRE,

Je viens de toucher à la liste civile, du Roi, la somme

somme de cent francs, *inscrite comme secours, à la date du 26 juillet* 1838, *sous le numéro* 281.

Je remercie S. M. et M. le comte de Bondy.

Le texte de ma demande *du* 19 *juillet*, rappelle au monarque, qu'en me faisant dire, le 13 novembre 1837, de lui demander *une existence motivée*, *c'était me la promettre*; la parole du Prince assis sur le trône, et maintenu aussi miraculeusement par la providence, doit être la parole de Dieu.

Je suis avec un très-profond respect,

Sire,

De Sa Majesté,

le très-humble serviteur.

L.-A. PITOU.

Rue Saint-André-des-Arcs, n° 9.

Paris, 31 juillet 1838.

La suite incessamment.

Uerhan et Bimont, Imp. rue du Caire, 32.

MANDAT.

TITRE DE MA CRÉANCE.

La base, ou le régulateur du compte, c'est le mandat.

Voici la teneur de celui que j'ai reçu en 1790; comment je l'ai mérité, à quelle occasion et pour quel sujet il m'a été donné :

En 1825, les trois examinateurs de mon dossier, et le secrétaire d'état, ministre de la maison du Roi, duc de Doudeauville, en confirmant ces détails, ont ratifié mon mandat, après avoir précédemment reçu, discuté, contrôlé le compte qu'ils m'avaient demandé le 9 juin 1825.

Cette discussion, jointe aux titres, se trouve dans les *pièces remarquables*, *première série*, page 35 à 37, etc.

« Au mois de juin 1790, S. M. la reine Marie-« Antoinette, ayant lu le mémoire que M. Pitou « avait écrit pour le marquis de Avras, appelle « l'auteur aux Tuileries, lui fait prêter serment de « fidélité au roi et à la maison de Bourbon, en pré-« sence de S. M. Louis XVI. »

« La Souveraine remet audit sieur Pitou, son « portrait et un mandat secret et spécial, signé des « lettres initiales de Leurs Majestés, et ainsi conçu : »

(1) « Travaillez, unissez-vous « à nos amis et que nos amis « s'unissent à vous pour le

(1) Ce texte, légal et monarchique, est le type de tous les actes des deux premières as-

« maintien de la monarchie et
« du sceptre dans la maison de
« Bourbon.

semblées constituante et législative de 1789 à 1792.

(2) « Contre la révolution,
« l'anarchie, le partage et le
« démembrement de la France.

(2) Le titre exécuté remplaçant le titre écrit, constitue effectivement l'exécution nationale et monarchique, imprimée au mandat par les mandans et par le mandataire : ce texte est l'ordre exécuté du sacrifice particulier et personnel à celui de l'état.

(3) « Probité, fidélité, cons-
« tance, dévouement sans bor-
« nes.

(3) Ce mandat a pour garans et pour juges, Dieu, l'état et le Monarque ; si l'orgueil, l'ambition, l'intérêt particulier l'approchent, le mandataire devient un parjure.

(4) « La France, le Roi et
« ses successeurs sont solidaires
« des avances à faire pour cette
« cause sacrée. »

(4) Ces garanties sont de droit pour les créanciers légitimes; nul ne peut les récuser sans se récuser lui-même.

L..... A.......

x « Ce mandat est accompa-
« gné d'une commission finan-
« cière par laquelle M. Pitou
« est spécialement autorisé par
« le monarque, à fournir de ses
« deniers ou des sommes qu'il
« pourra emprunter, pour le
« Roi, ce qui sera nécessaire
« pour sa mission diplomati-
« que.

« Le capital et les intérêts
« des sommes sont garantis par
« leurs Majestés.

x Ce mandat est rétribué et porte intérêt comme les sommes avancées empruntées par le mandataire.

Le service du mandataire continue jusqu'à son remboursement; il ne peut être licencié sans être liquidé.

xx « Un traitement de six « mille francs par an est assi- « gné au mandataire à titre « d'engagement réciproque en- « tre le mandant et le manda- « taire.

xxx « On lui fait de nouveau « prêter serment, de ménager « les intérêts du Roi comme les « siens, de détruire au moment « du danger le titre de son « mandat ainsi que les comptes « registres quelconques, de se « résigner à la misère et même « à la mort, plutôt que de com- « promettre le secret de l'état « et celui de son mandant.

« M. Pitou prête ce serment; « il la tenu fidèlement.

xxxx « A l'instant il reçut de « la cassette de S. M. Louis « XVI, *quinze cents francs en* « *or et en avances* pour les « trois premiers mois de ses ho- « noraires, qui ont continué « jusqu'à la catastrophe du 10 « août 1792. »

(1) Ce mandat, accompli d'après son texte par des avances et des emprunts de fonds et par dix-huit proscriptions, deux condamnations à mort, deux déportations à Cayenne, au 18 fructidor et au 20 mars 1815, à vingt lieues de Paris, a été

xx Obligations réciproques du mandant et du mandataire.

xxx Le titre chirographaire du mandat détruit légalement, d'après le texte du mandat, est officiellement représenté par les actes officiels du mandataire.

Le texte officiel de la ratification officielle du mandat du 13 juillet 1825, exprime positivement le titre écrit et son accomplissement par des actes patens.

xxxx Le mandant, sa majesté Louis XVI, scelle par un gage positif l'obligation réciproque.

Le 1er et le 2 août 1792, le mandataire a répondu à cette avance et à cette réciprocité, par des avances et des sacrifices réciproques relatés dans le dossier secret déposé et enregistré aux finances et joint au rapport du 20 novembre 1833.

(1) Le ministre et le ministère des finances, dans leur rapport du 20 novembre 1833, paragraphe X, expliquent, confirment et adoptent le texte de la ratification officielle ci-dessus.

Ce titre d'origine nationale,

reconnu en 1803 et 1811 par Bonaparte, premier consul et empereur qui, sans notre échec en Russie, l'eut acquitté *comme* une dette de l'état et du Roi, *disait-il*.

Ce même mandat, reconnu dans les mêmes termes en 1817, par S. M. Louis XVIII, a été ratifié par écrit au nom de l'état du monarque du Roi, nationalement par un ministre, secrétaire d'état, responsable, M. le duc de Doudeauville, les 13 juillet, 17 décembre 1825 et 4 avril 1826.

Les titres sont joints au présent.

Louis-Ange Pitou, mandataire secret officiel, reconnu de l'état et du Roi, créancier au même titre, pensionnaire à titre onéreux de la caisse de vétérance et de la liste civile, non liquidé, âgé de soixante-onze ans et dix mois.

monarchique et royale, délivré en 1790 par le roi Louis XVI, souverain maître à cette époque, est ratifié en 1825, non seulement par le prince régnant irresponsable d'après les nouvelles lois, mais surtout par un ministre d'état responsable, représentant le gouvernement en 1825, comme S. M. Louis XVI, en 1790, représentait en lui seul, la France, l'état et le pouvoir suprême sans contrôle.

Ce mandat est enregistré textuellement au ministère des finances dans le rapport du préfet et du ministère du 20 novembre 1833, paragraphe VII, VIII, IX, X, XI.

Ce même titre a été adressé à S. M. la reine et à la famille royale, les 15 juin et 13 juillet 1834.

Dans ce même rapport, le même ministère ayant établi que L. A. Pitou, est toujours en activité de service, par sa conduite, par ses actes et par son état de faillite garanti par son mandant et non liquidé, le susdit se réunit à son syndic et à ses créanciers, et s'en réfère aux révélations de son mémoire pétition, remis aux trois pouvoirs réunis en 1837 et 1838, de nouveau au mois de mars et et avril pour 1838 et 1839.

Il s'en rapporte aux titres et aux détails qui suivent :

Louis-Ange PITOU.

A Paris, rue Saint-André-des-Arcs, N. 9.

10 décembre 1838.

Lo 8 août 1830, Louis-Ange Pitou, en sa qualité de mandataire national et monarchique, fidèle aux lois divines et humaines, *rendant à César ce qui est à César, et à Dieu, ce qui est à Dieu*, a écrit et daté son serment dudit jour 8 août 1830; le roi Charles X étant encore en France, et devant être embarqué pour quitter le royaume, ce prince, préservé miraculeusement par Dieu, et par les soins, et par la volonté efficace de celui que la Providence faisait choisir au peuple; le 16 août 1830, le susdit mandataire a adressé par écrit, son serment au roi Louis-Philippe Ier, sous le couvert de M. Oudard, intendant du domaine privé du nouveau Prince régnant, et secrétaire de S. M. la reine Marie-Amélie.

Le 8 décembre 1830, S. M. Marie-Amélie, reine des Français, étant au Palais-Royal, a accordé et accorde au sieur Pitou (Louis-Ange), le brevet de son libraire, l'autorisant à en prendre le titre et à en faire placer les armes et l'inscription au-dessus de sa maison. Signé, à l'original, de la main de Sa Majesté, et fait contresigner par moi, secrétaire de S. M.

MARIE-AMÉLIE.

Par la Reine,

OUDARD.

Je ne connaissais point M. Oudard; je ne l'avais jamais vu; je lui avais écrit plusieurs fois depuis 1830, pour lui demander audience. Le 16 août 1830, il m'accusa réception de mon serment, me promit de le remettre au Roi, et m'écrivit qu'il était trop occupé pour me recevoir.

Les détails qu'on va lire prouveront que je n'ai rien négligé pour prévenir le Prince régnant, des chagrins et des embarras qu'il a éprouvés et qu'il éprouve encore.

Lorsque M. Oudard vint chez moi, le 19 juillet 1834, à huit heures du matin, je lui demandai qui il était, et je lui fis affirmer son nom et ses qualités, avant de m'expliquer avec lui... Cette note est nécessaire pour l'intelligence de ce qui suit.

L.-A. PITOU.

RAPPROCHEMENT

Fait le 19 juillet 1834, par le secrétaire de S. M. la Reine, du mandat de Louis-Ange Pitou, avec le traité des États-Unis.

Peu de jours avant l'ouverture de la session législative de 1835, chacun songeait à la question entamée à la session précédente : cette affaire importante d'où dépendait le maintien de chaque branche du pouvoir dans ses attributions et l'équilibre entre elles, était l'exécution littérale du traité signé en 1831 par le pouvoir exécutif avec les Etats-Unis, traité garanti par le Roi, et suspendu par le refus de fonds fait par la chambre des députés, qui réclamait pour elle le droit de changer le traité et d'asservir le pouvoir exécutif :

Le 19 juillet 1834, au matin, le secrétaire de S. M. le reine vient, par ordre, trouver inopinément Louis-Ange Pitou.

En 1830, après l'embarquement du roi Charles X, à Cherbourg, le mandataire de l'état et du Roi avait adressé par écrit, son serment, au nouveau chef de l'état, sous le couvert de ce secrétaire de S. M. la reine ; et d'après l'invitation des chefs des cantons Vendéens, il avait demandé audience à ce même secrétaire ; sa demande était appuyée d'une lettre très-explicative ; l'audience avait été refusée, les chefs vendéens s'étaient retirés fort mécontens ; le refus provenait de ce que la lettre avait été serrée sans être lue ; il en était résulté des événemens fâcheux : le mandataire les rappelait au Roi, et les imputait au secrétaire de S. M. la reine ; ce secrétaire vint pour savoir ce que L.-A. Pitou lui reprochait dans le service de Leurs Majestés.

Le mandataire lui fait lire la copie de la lettre qu'il lui avait adressée le 15 août 1830 et le texte des propositions des Vendéens ; l'explication était péremptoire ; l'homme du Roi avait mis involontairement la lettre à l'écart, et ne l'ayant pas retrouvée, il avait refusé l'audience.

M. le secrétaire fut obligé de convenir que son oubli était la première cause de la résurrection de la Vendée et du retour de la duchesse de Berry ; il convint également que, par ce même refus d'audience en 1830, il avait été privé du moyen d'éviter, à l'avantage moral et pécuniaire du Roi, le scandale et le procès élevé à l'occasion du duc de Bourbon... Ce moyen parut simple et légitime à l'homme du Roi : *rendre au nom du monarque la couronne héritière des charges et bénéfices de la succession.*

Ce moyen évitait au pouvoir suprême la déconsidération qui résulta contre lui de la mesure opposée. La suspension du paiement de tous les titulaires de la couronne fit murmurer contre le Roi : la présence en public d'une femme indigne d'approcher la cour et le Roi, encouragea l'anarchie ; elle leva son drapeau et marcha avec l'absolutisme contre le Roi et contre les rangs des citoyens, et fut sur le point de voir égorger, dans le sanctuaire de la justice suprême, et les nobles juges impassibles et les illustres accusés, et les citoyens, et les guerriers se frapper entre eux.

Plus tard l'anarchie, née de la même cause opposée, signala son triomphe à Saint-Germain-l'Auxerrois, contre l'autel, contre le Roi, contre le gouvernement, qui ne put sévir exemplairement contre aucun de ses aggresseurs : M. le secrétaire convint qu'il avait eu tort de refuser l'audience.. *Je vais rendre compte au Roi de notre entretien*, dit-il ; il se levait pour sortir.... En le reconduisant, le mandataire lui dit : « Les chambres vont s'assembler, « qui décidera de *l'exécution du traité des États-Unis ?* des « députés ou du pouvoir exécutif ? lequel des deux posera les ba- « ses de l'état ou les renversera ? lequel des deux maintiendra « l'équilibre des pouvoirs en maintenant son droit ?

« M. le secrétaire rentre, se rassied et demande au mandataire « son opinion.

« Le partage du pouvoir diplomatique, reprend celui-ci, entre « Louis XVI et l'assemblée constituante, entre le peuple, la po- « pulace et le cabinet, appellait le 10 août 1792.

« En 1795, la convention renvoya à ses comités la discussion « des traités de paix....

« Si par un suicide anti-national le pouvoir exécutif laisse la « chambre changer un Iota au traité qu'il a signé avec les États- « Unis, l'Europe et le monde entier peuvent nous déclarer la « guerre puisqu'il n'y a plus rien de secret, de certain et de sacré « chez nous, que le vouloir du peuple et de la populace.

« C'est aujourd'hui et seulement aujourd'hui, depuis 1830, « qu'il appartient au pouvoir exécutif de donner la virilité à la « France et la virtualité à ses traités; aucun des deux autres pou- « voirs constituans ne peut posséder le sceau, la minute et le no- « tariat, que le pouvoir exécutif : que ce pouvoir exécutif ait for- « fait ou non, qu'il soit concussionnaire on non, son délit est « étranger au monde entier, ses actes sont signés et rendus valides « et inattaquables par ses deux collègues qui, ce jour même, le « citent à leur tribunal comme particulier (s'il y a lieu), comme « concussionnaire.... » A ces mots le secrétaire se lève, serre la main du mandataire et part en lui disant : *Je vais rendre compte au Roi sur le champ : M. Pitou vous y êtes plus intéressé que personne.*

Le 31 juillet 1834, jour de l'ouverture de la session de 1835, le discours de la session annonçait la détermination fixe du pouvoir exécutif sur le maintien du traité signé en 1831 avec les Etats-Unis.

Le même soir, Louis-Ange Pitou reçoit un bon de cinq cents francs, *sous* le nom *de secours* du roi sur la liste civile.

Ce bon de secours est considéré par le mandataire de Louis XVI comme une nouvelle ratification du classement de son titre national et monarchique au rang des traités ratifiés; il se souvient de la parole du secrétaire de S. M. la reine, intendant du domaine privé du prince régnant.....

En 1831, le chef de l'état classe le mandat délivré, en 1790, par S. M. Louis XVI, au rang du traité et ratifié *des Etats-Unis.* Le manque de fonds ajourne l'accomplissement des deux obligations : sont-elles de la même nature et de la même importance? jusqu'à l'acceptation de la constitution de 1791, le roi Louis XVI qui, au 20 juin de cette même année 1791, avait protesté, en partant pour Mont-Midi, contre tous ses actes depuis 1789 jusqu'à ce jour; était-il seul maître et seul souverain? d'après le texte du mandat reproduit par les actes publics du mandataire, le monarque Louis XVI conférait-il ce mandat comme prince, comme roi, comme monarque; dans son intérêt personnel, dans celui de sa lignée, de sa branche, de sa famille, de sa dynastie?

subordonnait-il l'intérêt de l'état à celui de sa maison, ou celui de sa maison à celui de l'état? confondait-il ces deux intérêts? pouvait-il et devait-il les confondre? le texte du mandat reproduit par l'exécution que lui a donnée le mandataire, prouve-t-il la fusion des deux intérêts?

Le principe de la discussion du traité des Etats-Unis est-il différend de celui du mandat délivré par S. M. Louis XVI, en 1790? La solution de la première question n'est-elle pas la solution de la seconde?

Les débats publics et impolitiques de première question auraient-ils été aussi longs si le demandeur eût produit contre le défendeur le paragraphe XXXIX du rapport du 20 novembre 1833 (une soustraction de cent soixante-sept pièces originales faites, avouées et consignées par écrit en justice par le pouvoir motivant cette soustraction sur le besoin de faire ressource et d'annuler ses dettes par tous les moyens?) Si le même demandeur eût joint à ces vérités redoutables le complément judiciaire de ce paragraphe du 15 mars 1828, la pièce fausse du 13 juin 1831 et les opérations du fisc de 1834 à 1837?

De 1834 à 1837, pourquoi le mandat de Louis-Ange Pitou est-il mis à l'écart, *lorsque celui des Etats-Unis est exécuté?* lorsque les ministres de 1831 et 1836, lorsque le Roi lui-même, demandent l'autorisation de liquider cette créance réglée; pourquoi ne l'est-elle pas?

Messieurs les Députés, messieurs les Pairs, c'est qu'elle est digne de l'examen et de la justice spéciale des deux chambres législatives, des trois pouvoirs réunis; du Roi comme homme, comme prince et comme monarque; des ministres en conseils de cabinet; des ministres d'état; des législateurs et des juges suprêmes administratifs et judiciaires.

La pièce qui va suivre est un acte administratif et judiciaire, signé devant les tribunaux par les faussaires, par l'administration, par le ministre lui-même:

Comment le pouvoir de 1830 va-t-il réfuter ce titre irrécusable qui lui fut signifié judiciairement en 1828 comme en 1833? « Ce sont, *dira-t-il*, une « série de réponses que le demandeur aurait faites « à ses syndics; réponses qu'il qualifie d'interroga-

« toire sur faits et articles, (dont *il produit copie,* « *pièce numéro* 22 ,) rapports du vérificateur et du « directeur des domaines, numéros 38, et 50, « 46, 47. »

Dans la troisième pièce, le pouvoir sera amené à convenir par écrit, dans son procès-verbal, article 39, *que* 167 *pièces originales ont été bien des fois (égarées, enlevées, grattées, détruites dans le dossier du Pétitionnaire;)* ce qui, dans le numéro 51 du même rapport, n'empêche pas le fisc de décliner l'obligation, dont il ne cesse de détruire et de nier les actes.

Cependant, la demande de Louis-Ange Pitou est liée à celle des seize mille victimes de 1830. Ces seize mille victimes sont chefs de trente-deux mille familles; ils ont des amis, des protecteurs, des créanciers, et les monarchistes sincères, depuis huit ans, murmurent en leur faveur, et malgré ces victimes, elles sont le point de mire de la foi publique et de toutes les opinions...

TRIBUNAL DE COMMERCE

DE LA SEINE.

PIÈCE JUDICIAIRE

Enregistrée aux Finances,

NUMÉRO 22.

Le 15 mars 1828, les sieurs Prudhomme et Cailleau, syndics de la faillite sous le nom du sieur Louis-Ange Pitou, libraire à Paris, inscrite au Tribunal de commerce de la Seine, depuis l'année 1811, ont adressé au susdit, les questions suivantes, les ont mises par écrit, les lui ont fait signer, lui en ont donné copie et sont allés, par ordre du Tribunal de commerce de la Seine, au ministère de la maison du Roi, auprès des examinateurs du dossier Pitou, constater les faits.

VOICI LES RÉPONSES DE M. PITOU,

ET CELLES DU MINISTÈRE.

Ces réponses sont celles du monarque, celles du ministre secrétaire d'état, *duc de Doudeauville*; en 1825, confirmées par écrit, trois ans après, le 15 mars 1828, par les mêmes rapporteurs et par le ministre d'état, baron de la Bouillerie, intendant général de la maison du Roi, par sa lettre du 26 juillet 1828, titre judiciaire enregistré et rapporté par le ministère des finances, dans son rapport du 20 novembre 1833.

D. — On demande si les deux séries de pièces, imprimées sous le titre *de pièces remarquables et comptables*, sont connues de Messieurs les examinateurs du dossier Pitou, et si elles sont exactes. (*Messieurs Viollet-le-Duc, chef du domaine de la couronne, M. Brousse, chef du contentieux, et Ratel, chef de bureau*) ?

R. — *Pitou*, réponse *oui*; *Ministère, oui.*

Cette réponse affirmative du mandant et du mandataire, donne aux copies imprimées et corrigées par les examinateurs, l'originalité des titres...

D. — *Si l'examen du dossier Pitou, les conclusions et le rapport spécial* qu'on lit dans la première série de la page 35 à 74, *sont l'ouvrage des mêmes chefs ?*

R. — *Pitou*, réponse *oui*; *Ministère*, réponse *oui.*

D. — Si le compte qui se trouve aux pièces autographiées, a été demandé par le ministère, et fourni par le sieur Pitou, à la date du neuf juin 1825, un mois avant la ratification du mandat?

R. — *Pitou*, réponse *oui*; *Ministère*, réponse *oui.*

Ce compte a été ratifié, contrôlé et admis comme il appert par les rapports.

D. — Si le rapporteur des susdits mémoires a proposé à Son Excellence Monseigneur le duc de Doudeauville, de donner à M. Pitou une somme de...., pour qu'il se désistât de tous ses titres, plutôt que de lui donner la reconnaissance de son mandat, qui devenait un titre irrécusable de paiement, et le mettait à même de demander des sommes considérables ?

R. — *Pitou*, réponse *oui* ; *Ministère*, réponse *oui*.

Cette proposition pour l'acquit personnel de la dette personnelle de la branche aînée des Bourbons, fut agréée et promise par le Roi, et par le ministre duc de Doudeauville, conservant au mandataire, pour l'entier acquittement de sa créance, son recours sur l'état ; le manque de fonds fit rétracter la promesse, comme il constate par la lettre de M. le duc de Doudeauville, du 17 décembre 1825.

D. — « Si toutes les soustractions de pièces, con-
« signées dans les mémoires imprimés, et notamment
« dans la première série des pièces remarquables,
« ont été également constatées par Messieurs les
« examinateurs et par le sieur Pitou ? »

R. — *Pitou*, réponse *oui* ; *Ministère*, réponse *oui*.

Il est constaté au rapport des trois examinateurs du dossier, que de 1817 à 1822, l'émigration s'est emparée trois fois des ordonnances de paiement, signées par S. M. Louis XVIII, pour remplir la transaction passée avec M. Pitou, en 1817 ; cette opération qui a eu lieu trois fois, au moyen des faux et des lavemens de titres, a motivé l'expulsion de M. Dubuisson, et celle de ses complices.

Voir *pièces remarquables*, première série, pages 12, 13 à 24 ; de 26 à 30, inclusivement, 34, deuxième et troisième alinéas ; texte du rapport, de 35 à 69 et 70. Voir toute la seconde série des pièces secrètes et comptables.

La preuve des faux et des soustractions de pièces, est si irrécusable, que trois ans après les rapports des examinateurs, et onze mois après la remise du portefeuille, faite au Roi par M. le duc de Doudeauville, et acceptée à regret par S. M. Charles X, en 1827, (après le licenciement de la garde nationale.) M. le baron de la Bouillerie, ministre d'état, successeur de M. le duc de Doudeauville, bien informé par ses prédécesseurs, s'adjoint à son administration pour constater en justice, la réalité des soustractions de pièces, opérées dans le dossier de Louis-Ange Pitou, par le secrétaire général de la liste civile, Dubuisson, vicomte de la Boulaye, et par ses coopérateurs.

Malgré l'aveu fait administrativement en 1825, et judiciairement le 15 mars et 26 juillet 1828, par le ministère et par le ministre, des faux et des soustractions de pièces.

Le 13 juillet 1831, les nouveaux commissaires de l'ancienne liste civile, font usage d'une pièce fausse, dans l'intention d'annuler la créance auprès du syndic et du mandataire, au vu de ce titre judiciaire du 15 mars 1828 : ils reconnaissent la fausseté du titre qu'ils ont présenté, et la réalité des deux titres des 9 et 15 novembre 1828, qui leur sont remis et qui annullent le leur, en prouvant la réalité des premiers, par le texte de la fausseté du second, daté du 8 février 1829.

Pour arrêter la révélation de ces vérités judiciaires, ils se réunissent au ministre des finances, et demandent au conseil des ministres, l'autorisation de liquider la créance par tempérament. *La nécessité* de l'époque, autorisée par le manque de fonds, répond par le chef de l'état et par le président du conseil, M. Perrier : « Cette affaire de premier ordre et de cabinet, est « au-dessus des attributions du ministre des finances, et des « commissaires de l'ancienne liste civile; elle sera réglée plus « tard. »

Le 20 novembre 1833, en présence de cet acte judiciaire du 15 mars 1828, le ministère des finances, convaincu malgré lui, après une très-vive discussion entre l'administration, le syndic et le mandataire, a consenti à l'enregistrement des titres, et à l'inscription du paragraphe 39 de son rapport, du 20 novembre 1833.

D. — « Si le ministère n'a pas demandé au sieur « Pitou, le nom de ses créanciers ? Si on n'a pas « offert de prendre la place du failli en nom ; si on « n'a pas refusé de donner cette offre par écrit, de « peur de se compromettre ? »

R. — *Pitou*, réponse *oui*, *Ministère*, réponse *oui*.

L'affirmative de la réponse verbale, motivée de cette manière en justice, devient une garantie et une promesse écrite devant les tribunaux.

Le mandant voulant avoir un compte définitif, et obtenir toutes les remises possibles du mandataire, lui donna, les 9 et 15 novembre de la même année 1828, une garantie réciproque par un mandataire secret et assermenté au même titre que lui. L'absence par la mort du second mandataire, (M. le comte Daru,) est suppléée chirographairement par le texte du faux de la seconde pièce du 8 février 1829, lequel originalise la simple copie des deux premiers actes, des neuf et quinze novembre 1828.

D. — Si les trois rapports qui se trouvent à la fin de la première série des pièces imprimées, sont l'ouvrage de Messieurs les examinateurs ?

R. — *Pitou*, réponse *oui*; *Ministère*, réponse *oui*.

D. — Si les trois lettres des 13 juillet, 17 décembre 1825, et 4 avril 1826, constatant la reconnaissance du mandat, sont réelles et n'ont pas été supposées par le sieur Pitou ?

R. — *Pitou*, réponse *oui*, elles sont réelles; *Ministère*, *oui*, elles sont réelles, et les copies imprimées et autographiées sont conformes aux minutes du ministère.

D. — Si les deux mémoires du sieur Pitou, datés des 3 et 10 mars 1823, (constatant que l'ordre donné par S. M. Louis XVIII, de liquider la première transaction faite avec le sieur Pitou en 1837, a disparu,) sont connus de Messieurs les examinateurs du dossier ?

(Voir ces numéros et les pièces à l'appui, seconde partie des pièces imprimées, page 4 à 7, 25 à 29.)

R. — *Pitou*, réponse *oui*; *Ministère*, réponse *oui*.

D. — Si c'est par ordre du ministre secrétaire d'état, ministre de la maison du Roi, que le sieur

Pitou a écrit, au nom du monarque et du ministre de la maison de Sa Majesté, aux ministres de la justice, de l'intérieur, de la guerre et des finances, pour demander sa liquidation?

(Voir ces lettres et réponses dans la seconde partie des pièces imprimées de la page 76 à 80.)

R. — *Pitou*, réponse *oui*, *Ministère*, réponse *oui*.

D. — S'il n'a pas été répondu au sieur Pitou, qui demandait un provisoire au ministère du Roi : « Quand vous nous apporteriez un ordre de paie- « ment signé du Roi, nous ne vous donnerions pas « un sou ; nous vous renverrions à M. le ministre « des finances. ? »

R. — *Pitou*, réponse *oui* ; *Ministère*, réponse *oui*.

Pour copie conforme aux trois originaux qui sont ès-mains des sieurs L.-A. Pitou, Prudhomme, Cailleau.

POUR COPIE CONFORME,

L.-A. PITOU,

Mandataire secret et officiel de l'état et du Roi, créancier au même titre, pensionnaire à titre onéreux de la caisse de vétérance et de la liste civile, non liquidé, âgé de 70 ans,

Rue Saint-André-des-Arcs, n° 9.

Paris, 23 *février* 1387.

Après la réponse affirmative du Roi, du monarque et du ministre responsable, qui enjoint au mandataire de signifier, par l'ordre du pouvoir exécutif, à tous les secrétaires d'état, que le mandat est officiellement reconnu national et monarchique ; que l'obligation qui en dérive, ayant le même titre et la même garantie, doit être acquittée par le ministre des finances.

Que répondent malgré eux, le pouvoir suprême et le ministre des finances, auxquels on refuse des fonds pour acquitter ces obligations nationales et monarchiques, imposées par la conscience, par les traités solemnels, et garantis par l'ancienne comme par la nouvelle Charte ?

Entravés par les événemens, par les partis, par des pouvoirs rivaux, nous sommes réduits à la pénible nécessité de diriger la main et la plume de nos préposés, qui nous couvrent d'un assentiment que nous refusent notre conscience et la leur.

L.-A. PITOU.

Voilà les faux constatés par écrit en justice, par les faussaires qui les ont commis. Ces faussaires sont-ils les auteurs ou les instrumens de leurs actes?.. Devinez, et taisons-nous, pour ne diffamer, ou plutôt pour ne divulguer personne.

Si un débiteur ou un dépositaire infidèle, librement consulté par la justice, touchant la déclaration verbale qu'il a faite dans sa maison, de sa dette ou de son dépôt, aveu dont il a voulu perdre la mémoire, lorsque son créancier lui a demandé un titre écrit, au bout de trois ans d'angoisses et de remords, se présente à cette même justice, et répète de lui-même tous les détails de son engagement de conscience; cet aveu devient un titre testimonial, légal, authentique, chirographaire et indélébile, entre de simples particuliers. Cette règle, que Dieu s'impose lui-même, est-elle au niveau, au-dessus ou au-dessous du fisc et du pouvoir suprême? Jugez-en par la pièce qui va suivre...

Un état, un gouvernement, un Roi, un monarque qui règne après un autre, avec quelque modification que ce soit, tant que l'état n'est pas démembré et dispersé, est-il le successeur du précédent? *oui et non*, d'après l'histoire du cahos de la révolution; et d'après les fauteurs anarchistes de la loi agraire ; *oui*, d'après la réalité de l'histoire. Pour juger la question patriotiquement, mettez la pièce précédente en regard avec celles qui vont suivre, et dites où nous en sommes....

Si un gouvernement s'est porté caution en justice, pour son mandataire direct, légitime et de premier ordre ; si ce mandataire, pour actes de sa mission, présente des actes irrécusables qui prouvent qu'il a libéré son pays d'une dette de onze milliards, doit-on annuler de pareils titres en les niant, en les détruisant, en les lavant, en réduisant pendant huit ans, ce mandataire à trois onces de pain par jour ou à se suicider? Peut-on dire à ce mandataire : Pourquoi nos devanciers ne vous ont-ils pas payé; ils ont prétendu qu'ils ne vous devaient rien, parce que vous n'aviez point émigré. Hé bien, nous prétendons ne rien vous devoir, parce que nous vous déclarons émigré... Ces allégations de notre part, (celles des nouveaux gouvernans de 1830), sont criantes.... Hé bien, nous nous enveloppons tous du manteau de nos subordonnés. N'allez pas plus haut; le ministre secrétaire d'état est un des premiers anneaux de la chaîne électrique; le fluide magnétique qui vient d'en haut, doit paraître naître d'en bas : ainsi,

Son Excellence le ministre trop occupé, s'en rapporte *à M. le préfet,* dont *il adopte l'opinion.*

M. le préfet *partage* entièrement *l'opinion de monsieur le le directeur des domaines.*

M. le directeur des domaines partage l'opinion *de monsieur le vérificateur :* dans les temps de tyrannie sourde, de disette et de pénurie; c'est par ces derniers subordonnés, que commence la torture de la place et de la conscience.

En 1829, le chef du fisc de la Préfecture de la Seine, libre alors d'être honnête homme, accepte, enregistre, et de l'aveu du préfet, soumet à l'examen les titres du mandataire, et annonce une solution conforme.

En 1830, après le 29 juillet, au retour de Cherbourg du nouveau préfet de la Seine, le même chef du domaine dit au mandataire : « Voilà vos pièces; *je suis forcé d'oublier mon enregis-* « *trement,* et de prêter le premier endos, à la défense d'une « décision occulte. »

Le successeur de ce premier préfet de la révolution de juillet, trouve la mesure fort expéditive et fort bonne.

En 1832, le mandataire revient présenter ses titres au même chef du domaine, pour les faire enregistrer. Ce chef intègre le renvoie à M. le préfet lui-même; M. le préfet remet l'audience à huit jours, parle à son chef de bureau, est invisible, et les pièces sont rendues sans enregistrement, afin de toujours prétexter cause d'ignorance *par la faute des subordonnés.* M. le grand référendaire de la chambre des pairs, consulté par le mandataire, conseille de s'adresser au ministre de la justice; le secrétaire de Sa

Grâce, M. Barthe, accueille favorablement le pétitionnaire, lui promet un prompt examen et une audience; le mandataire écrit en vain pendant six mois, sans recevoir ni audience, ni accusé de réception des titres; alors, il s'adresse simultanément aux deux Chambres et au Roi. Au bout de trois jours, le secrétaire de de M. le garde des sceaux invite le mandataire par écrit, à passer au ministère; le mandataire s'y rend et demande pourquoi, depuis six mois, on lui refuse audience et accusé de réception de ses titres? *Eh, mais, Monsieur*, répond naïvement le secrétaire de Son Excellence, qui était dans la pièce voisine: *c'est que nous avions un ordre très-supérieur, qui nous défendait de répondre et de vous recevoir.* — Merci, Monsieur, dit Louis-Ange Pitou; mais j'ai des doubles originaux. Ce même exposé du mandataire relatait la conduite de M. le comte de Bondy, préfet de la Seine, dans le refus d'enregistrement des titres, relatés dans le rapport fait par M. le comte de Sade, à la Chambre élective, le sept décembre 1830.

Ces exposés avaient eu lieu au commencement et à la fin d'avril 1833. M. le garde des sceaux remettait les titres sans enregistrement, pour s'autoriser d'une ignorance (volontaire). Louis-Ange Pitou, en laissant à la Chancellerie un double imprimé du principe, de la demande au conseil d'état, en fit l'observation positive au cabinet.

M. le préfet de la Seine, organe du ministre des finances qui, depuis trois ans, avait forcé le mandataire de reprendre ses titres sans vouloir les enregistrer, voyant qu'ils sont aux archives des deux Chambres législatives, enregistre l'exposé rédigé contre lui, invite le mandataire à lui apporter ses pièces, qu'il examinera et enregistrera volontiers. Ceci avait lieu au mois de mai 1833; la Chambre venait de nommer une commission instituée dans les mêmes formalités, avec les mêmes pouvoirs ou promesses que celles du 2 août 1828, dont M. Daru était président. La Chambre élective de 1829 ne promit des fonds, qu'à condition que le livre rouge de la liste civile lui serait communiqué; cette condition déplut aux intéressés. Charles x, pour garder le secret des décisions rendues par cette commission souveraine, et l'astreindre elle-même au secret, s'engagea dans les journaux dont il était co-propriétaire, de rendre les titres, de faire connaître les décisions, et de liquider de ses deniers et des réserves de l'indemnité, les créances monarchiques et reconnues par la commission du 2 août 1828; le terme de liquidation fixé par le Roi, fut la session de 1830, les événemens de juillet ayant suspendu ou annulé la promesse. Au mois de juin 1833, une nouvelle commission législative fut nommée par le Roi, sur le modèle de la première, non pour la continuer, mais pour l'imiter jusqu'à ce jour, dans ses résultats...

L'infortune du Roi déchu excusa son manque de parole ; l'insuffisance de la nouvelle liste civile , et les efforts vainqueurs de l'opposition, fournissent au fisc et au pouvoir, une vaste encyclopédie de moyens pour garder le secret, ne payer personne et décréditer la France, l'état et le trône.

M. le préfet saisit un de ces moyens de liquidation effectifs, sans qu'il en coûte en insinuant à son *vérificateur*, l'avis verbal de n'enregistrer que les pièces insignifiantes.

D'une autre part, le fisc supérieur donna à la nouvelle commission, l'avis secret de renvoyer autant qu'elle le pourrait, toutes les affaires de la première commission Daru. L.-A. Pitou, créancier officiel reconnu de l'état et du Roi, continua de s'adresser en même temps au domaine public, et à la seconde commission Bassano. M. le président de cette seconde commission, signa de confiance, une lettre de son incompétence sur les demandes de la première commission ; le mandataire et son syndic ayant éclairé la religion de M. de Bassano, le nouveau président prit connaissance des titres, en accusa réception et les recommanda au Roi; mais depuis huit ans et demi, les commissions Daru et Bassano ont le sort du mutisme.

Le texte de la parenthèse mise dans la lettre qui suit, de M. le préfet, fait la part de la *nécessité*, celle du *pouvoir*, *honnête homme et injuste malgré lui*, sous le coup des factions ; celle du pouvoir qui s'abriterait des partis, pour quintupler sa puissance, ses trésors et ses domaines.

(N° 33712. — 1re Division. — 3me Bureau.)

NUMÉRO D'ENREGISTREMENT DU SECRÉTARIAT DU BUREAU, 3788—129.

Objets des lettres ou arrêtés. — Liste civile.

M. PITOU, réclamant.

PRÉFECTURE DU DÉPARTEMENT DE LA SEINE.

Paris, le 3, 4 décembre 1833.

A M. Pitou, rue Chabannais, n° 14, *à Paris.*

MONSIEUR,

Mon prédécesseur a communiqué le 17 mai dernier à M. le directeur de l'enregistrement des domaines, la pétition que vous lui avez adressée à l'effet d'obtenir le paiement des sommes qui vous seraient dues par l'état, à raison de l'exécution d'un mandat secret qui vous aurait été confié en 1790, par la feue Reine Marie-Antoinette, et qui aurait été reconnu et ratifié par Louis XVI, Louis XVII et Charles X. Mais M. le directeur du domaine, par son rapport du 20 novembre, m'annonce qu'après s'être livré à un examen approfondi de votre affaire, *il a reconnu que la créance que vous réclamez ne saurait dans aucun cas être mise à la charge de l'état.* (Dans la discussion de cette demande; les contendans pour le pouvoir sont convenus que l'impulsion venait d'en haut et de bien haut, et l'un des contendans a fait une maladie sérieuse de deux mois avant d'insérer cette insertion), et qu'elle ne pourrait dans le cas où elle serait reconnue fondée, être remboursée que par l'ancienne liste civile.

Comme je partage entièrement l'opinion de M. le directeur des domaines à ce sujet, je ne puis, M., que vous engager à vous pourvoir de nouveau et ainsi que vous aviserez devant la commission chargée de liquider les dettes de l'ancienne liste civile.

Vous pourrez, en conséquence retirer, dès que vous le jugerez convenable, du domaine de ma préfecture, toutes les pièces que vous y avez déposées à l'appui de votre demande, moyennant votre récépissé et celui de M. Peccatte, syndic de votre faillite.

J'ai l'honneur de vous saluer.

Le Conseiller d'État, préfet,

DE RAMBUTEAU.

Nos très-illustres adversaires se sont enfin décidés à produire et à enregistrer nos titres avec les leurs ; ils posent les questions à leur manière ; qu'ils nous permettent sur le même terrain de les poser à la nôtre.

Monsieur le directeur de l'enregistrement des domaines, représentant M. le préfet de la Seine et M. le préfet, le ministère des finances, font leur rapport à M. le directeur général des domaines, et celui-là à S. E. M. Humann.

Paris, ce 20 novembre 1833.

BUREAU DU DOMAINE

Numéro 2145, V. 29.

N° 158 NOUVEAU.

N° 29, 250, — 1re Div. — 3me Bureau. — 25 Novembre 1833. — Case 3788, V. 29.

33 PIÈCES, Y COMPRIS LA PÉTITION ET UN VOL. IN-8°

Monsieur le Préfet, (1)

N°. 1er. — J'ai l'honneur de vous renvoyer la pétition que vous m'avez communiquée par lettre du

(1) M. le Conseiller d'état, préfet de la Seine.

17 mai dernier, et qui est signée tant par le sieur Pitou, demeurant rue de Chabannais, n° 14, que par le sieur Peccatte l'un des syndics de sa faillite.

N°. 2. — Par cette pétition, les signataires réclament le paiement des sommes que devrait l'état, en raison d'un mandat secret que le Roi Louis XVI et la Reine Marie-Antoinette auraient, en 1790, conféré au sieur Pitou ; le dit mandat reconnu et ratifié *par les Rois Louis* XVIII *et Charles* X.

Le Mandataire. — N° 2. — En 1803, 1810 et 1811, par le premier consul Bonaparte et par l'empereur Napoléon, parce que L.-A. Pitou s'était opposé efficacement, de 1801 à 1803, à l'émission d'un milliard de faux billets de la banque de France, fabriqués ici à Paris, avec les fonds de l'Etranger, par l'émigration, sous les auspices des *Princes français émigrés*, *Louis* XVIII *et Charles* X.

N°. 3. — Cette affaire aussi délicate que compliquée, n'a cessé depuis l'année 1814, d'être, de la part du réclamant, l'objet de nombreuses demandes appuyées par la production de pièces plus nombreuses encore.

N°. 4. — C'est après avoir essuyé bien des refus, qu'il a pris la résolution de s'adresser à l'état par l'intermédiaire de monsieur le Préfet.

Le M. — N° 4. — Ce numéro est exact et erroné. Le premier consul et l'Empereur ont admis le mandat et la créance, comme titres *nationaux et monarchiques* ; trois fois Louis XVIII et Charles X en ont ordonné la liquidation par les mêmes motifs. L'émigration et les faussaires ont fait contester les pièces, et nos adversaires qui enregistrent nos titres dans ce rapport, se contredisent et s'opposent à eux-mêmes dans ce même travail du numéro 40 à 47.

N°. 5.—Aidé par les pièces jointes à vos lettres des 17 mai et 12 juillet, mais plus encore par celles que le sieur Pitou m'a communiquées, je vais analyser l'affaire aussi succinctement qu'il me sera possible; mais en n'omettant toutefois aucun des détails qui sont essentiels, pour éclairer votre opinion, et justifier celle que je me propose d'émettre sur cette question délicate.

N°. 6.—J'énoncerai les faits tels qu'ils sont relatés dans les pièces produites, *sans les admettre ni les contredire*, sans me livrer sur ces mêmes faits à une discussion que *je crois inutile* : ce qu'il convient seulement d'examiner, c'est si la créance des pétitionnaires peut être considérée comme dette de l'état.

Le M. — N° 6. — Il s'agit entre le pouvoir et le pétitionnaire, *d'une soustraction de 167 pièces originales, enlevées du dossier du mandataire.* Ce délit est avoué et signé en justice par les soustracteurs eux-mêmes, qui sont les chefs du gouvernement; nos adversaires enregistrent ces preuves : ceci explique la discrétion de l'examinateur du domaine, *qui ne veut ni admettre ni contredire ces actes*, encore moins les discuter, après avoir lui-même reconnu textuellement par écrit, ce délit dans le numéro 39 de ce même rapport. Comment, après en être venu là, demander des pièces et discuter la nature de la créance ?

N°. 7. — Dans le courant de juin 1790, la Reine Marie-Antoinette fit appeler M. Pitou, et après qu'il eût promis, en présence du roi Louis XVI, de le servir avec discrétion et fidélité, il reçut un mandat souscrit des lettres *L. A.* Ce mandat était ainsi conçu.

« Travaillez unissez vous à nos amis et que nos « amis s'unissent à vous pour le maintien du sceptre « et de la monarchie dans la maison de Bourbon ;

« contre la révolution, l'arnarchie, le partage et le
« démembrement de la France; probité, fidélité,
« constance, dévouement sans bornes.

N°. 8. — « La France, le Roi et ses successeurs sont « solidaires des avances à faire pour cette cause sacrée. »

L. A.

N°. 9. — Un traitement de six mille francs par année fut assigné au mandataire, et il reçut 1500 francs en or, pour les trois premiers mois de ses honoraires. (*Voir la page* 9 *de la pièce numéro* 8).

N°. 10. — L'existence de ce mandat pouvant compromettre la sûreté des personnes qui le conférèrent, le sieur Pitou, par suite des circonstances impérieuses où il se trouva, se vit contraint de l'anéantir; *c'était*, dit-il, *l'une des conditions* du serment qu'il avait *prêté*, et voilà ce qui l'empêche aujourd'hui de le représenter.

Le M. — N° 10. — Rayez votre *dit-il*, le scepticisme n'est pas recevable ici : le principe du secret et du serment constitue le mandat secret, non sur *le dire* de l'un ou de l'autre contractant, mais sur leur conduite, mais sur leurs actes légitimes et prouvés.

N°. 11. — Fidèle à son mandat, le sieur Pitou devint sous la convention et le directoire exécutif, l'un des agents les plus actifs *de la cause des Bourbons* : dix-huit proscriptions, deux condamnations à mort et deux déportations à Cayenne, tel a été le fruit de ses efforts pour le triomphe d'une cause qu'on regarda longtemps comme désespérer.

Le M. — N° 11. — L.-A. Pitou, conformément au mandat national et monarchique qu'il reçut de S. M. Louis XVI, ne pouvait pas émigrer et n'a point émigré ; il n'a défendu *que la cause des Bourbons* restés en France ou y rentrant par les provinces de l'Ouest, sans le concours ni le commandement des étrangers, par un mouvement semblable à l'opération du général Monck.

N°. 12. — Ces fréquentes vicissitudes ayant fort dérangé les affaires du sieur Pitou, il essaya de les rétablir par le commerce de la librairie ; mais cet essai ne lui ayant pas réussi, il fut constitué en état de faillite dans l'année 1811 ; toutefois les arrérages du traitement de six mille francs assignés à son mandat et le montant des avances qu'il a faites *pour la cause des Princes émigrés*, sont deux ressources sur lesquelles il a toujours compté pour sortir d'un état qui lui retire la jouissance de ses droits civils : de là vient l'intervention de ses créanciers dans la démarche qu'il fait aujourd'hui.

Le M. — N° 12. — *Les pertes qu'il a faites pour la cause des Princes émigrés.* De 1814 à 1830, des émigrés et des faussaires de la cour, se sont emparés trois fois des ordonnances de paiement, délivrées pour Louis-Ange Pitou, par les rois Louis XVIII et Charles X. *Le titre de ce mandataire*, disaient-ils, *est national*, *républicain et impérial*, *puisqu'il n'a jamais émigré.* (Pièces remarquables, première série, rapports des trois examinateurs.)

De 1830 à 1838, au moyen des faux et des soustractions de pièces, continuées depuis 1831, et avouées par les auteurs qui sont les chefs de l'état, et consignées dans le numéro 39 du présent rapport, des hommes du fisc qui ont retourné leur habit au 29 juillet, en 1834, classent ce même mandataire et sa créance, *dans la case des Princes émigrés déchus !.........*

Est-il dans cette classe des émigrés et des Princes déchus, quand il a délivré son pays, de 1801 à 1803, de l'émission d'un milliard de faux billets de la banque de France ?

Est-il dans la classe d'émigrés et des Princes déchus, pour avoir empêché, en 1825, l'inscription au grand livre, d'une rente de cinq cents millions, au capital de dix milliards, pour l'acquit à l'émigration des vingt-cinq milliards de faux assignats, fabriqués à l'Etranger, de 1791 à 1796?...

(Voir les preuves et les garants de ces actes, dans les révélations remises aux deux Chambres législatives et aux trois pouvoirs réunis, en 1837, répétées en 1838 pour 1838, et au besoin pour 1839. Numéros 10, 11, 35, 36, 37, jusqu'à 43. (Pages 16 à 48 de l'imprimé.)

Est-ce pour ce délit national et monarchique, que le gouvernement de juillet 1830 l'a privé jusqu'à ce jour de sa pension de 1500 francs, constituée à titre onéreux, et l'a réduit depuis huit ans, à trois onces de pain par jour, ou à se suicider?....... (*Voir révélations* n° 18 à 23.)

N°. 13.—Enfin les événemens de 1814 étant survenus, le sieur Pitou pu dès lors espérer, que non seulement il rentrerait dans ses avances, mais encore qu'il recevrait la juste récompense de ses efforts et des persécutions qu'il avait endurées pour le triomphe de la cause royale. A l'effet d'atteindre ce but, il ne mit pas moins de chaleur et d'activité dans ses démarches, qu'il en avait apporté pour l'exécution du mandat qui lui fut remis.

N°. 14. — D'après l'une des pièces produites, sa

créance s'éléverait à 545,750 francs (*Voir pièce numéro* 2); mais il existe un compte dont la balance présente en sa faveur une somme de 1,372,250 fr. (*Voir pièce numéro* 11), et on verra tout-à-l'heure qu'il ne s'agit pas moins de 1,515,300 francs.

N°. 15. — Cependant le sieur Pitou parle d'une transaction qui aurait eu lieu avec le Ministère de la maison du Roi, en septembre 1817, sous les auspices de M. le duc d'Avaray. (*Voir le volume in-8. Page* 43, 2° *partie*).

N.° 16. — Cette transaction aurait liquidé sa créance, à 260,000 francs; mais M. Pitou ne l'a acceptée qu'avec des réserves. (*Voir pièce numéro* 10, *page* 46).

La liste civile s'est constamment réfusée à entrer en paiement, soit en ce qu'elle contestait l'existence même de la transaction; soit parce que, disait-on, elle n'avait pas été ratifiée par le Roi, (*Voir page* 58, 2° *partie du volume in*-8). Tout ce que le sieur Pitou recueillit de la munificence royale, se borna donc au brevet d'une pension de 600 francs, qui fut un peu plus tard portée à 1500 francs, cette pension reconnue par le roi Louis XVIII est regardée par M. Pitou, comme un commencement de preuve de sa créance.

Le M. — N° 16. — Ce numéro et les suivans omettent malgré eux, pour plaire au fisc de 1830, le contrat de cette transaction; cette omission et les autres sont remarquables de la part du pouvoir suprême, qui enregistre et présente les titres à sa manière, pour lui et pour nous. (*Voir les révélations et nos garants du numéro* 23 *au numéro* 26.)

N°. 17. — Le petitionnaire ne ralentit point ses démarches, mais de son aveu les difficultés se succédaient les unes aux autres, et les pièces de son dossier s'égaraient constamment dans les bureaux; il se plaint même avec amertume de plusieurs soustractions et falsifications des ces mêmes pièces; enfin il cite une lettre de M. le marquis de Lauriston, ministre de la maison du Roi, du 3 février 1821, qui lui mande avoir lu avec intérêt le rapport sur sa réclamation, mais ne pouvoir statuer, attendu qu'il n'y a ni fonds, ni commissions, ni ordonnances de paiement. (*Voir page 63 du volume in-8, 2e partie*).

Le M. — N° 17. — Remarquez ce texte : *Le pétitionnaire se plaint avec amertume, de plusieurs soustractions et falsifications de ses pièces.* Que répondent à ces accusations, les organes du pouvoir suprême ?..... Lui demandent-ils réparation d'honneur, car il persiste ?..... Non..... Mais les faux et les soustractions de pièces leur sont si habituels, qu'ils en font usage jusque dans le présent rapport, numéros 20 et 21.

La seconde pièce du 17 décembre 1825, est un faux et une altération du premier titre du 13 juillet 1825. Ce faux, fait au nom des trois examinateurs du dossier Pitou, est l'œuvre du comité occulte; les vrais examinateurs l'ont démenti, et le ministre duc de Doudeauville, indigné de la surprise de sa signature, força les auteurs du faux du 17 décembre 1825, de démentir cette lettre par un autre texte positif du 4 avril 1826. Ce travail est antérieur à 1830, mais le ministre des finances, successeur de M. le baron Louis, de 1833 à 1836, au 21 janvier, a si bien suivi et défendu les principes et l'adresse du comité occulte de Charles X, que vous avez omis involontairement, par ordre ou par oubli, la pièce la plus essentielle pour nous..... (*Voir les révélations du numéro* 25, au numéro 30.)

Le vérificateur des domaines, dans son rapport du 12 octobre 1833, enregistre ce troisième titre du 4 avril 1826, omis par le directeur de l'enregistrement. Ce dissentiment *est une liberté grande*, donnée en apparence par un pouvoir supérieur aux deux subordonnés, qui paraissent avoir une plume et une conscience libres auprès du maître souverain.... En dernier lieu, ce troisième titre du 4 avril 1826, a été omis volontairement et par un ordre verbal, parce qu'il reconnaît et constate le mandat ; le faux argument qui l'entoure, se réfutant lui-même par le texte du véritable titre du 13 juillet 1825, toutes les arguties dictées aux deux subordonnés, mettent le pouvoir à nu et aux prises avec la justice et la vérité.

N°. 18.—A l'avénement du roi Charles x, M. Pitou continua ses démarches avec une nouvelle activité, présentant mémoire sur mémoire à M. le duc de Doudeauville, devenu ministre secrétaire d'état de sa maison ; il en reçut, le 13 juillet 1825, une lettre officielle, qui, lithographiée, fait partie des pièces jointes à la pétition, (*Voir le numéro* 2) et dont l'original m'a été représenté.

N°. 19.—Cette lettre porte que la preuve matérielle des pouvoirs conférés n'existe pas et ne pouvait exister, mais qu'elle dérive suffisamment des diverses condamnations qui ont pesé sur le sieur Pitou ; en conséquence M. le duc de Doudeauville *le reconnait pour un des agents spéciaux qui ont tenté avec le plus d'efforts et de périls, le rétablissement du gouvernement légitime en France* ; il manisfeste en même temps le désir que ce titre lui procure, auprès de qui de droit le remboursement de ses avances. Dans une lettre de ce même ministre, écrite à M. le duc d'Avaray, le 17 décembre 1825 (*Voir la pièce numéro* 2), il est dit que M. Pitou ne devait attendre de la munificence royale, que la pension de 1500 francs dont il obtenu le brevet.

N°. 20. — Cette lettre ajoute que, reconnu agent royaliste, c'est à lui à faire valoir ce titre auprès de qui de droit. Cependant le 4 avril 1826, M. le duc de Doudeauville écrivit *que la reconnaissance d'un mandat n'était pas la reconnaissance d'une créance.*

N°. 21. —Le pétionnaire a néanmoins regardé ces deux lettres *comme une reconnaissance officielle du mandat et même de la créance qui en* résulte, et il n'a cessé, mais toujours infructueusement, de réclamer un provisoire au ministère de la maison du Roi.

N°. 22. —Une commission fut instituée par ordonnance royale du 2 août 1828, à l'effet d'examiner les réclamations d'anciennes créances du roi Charles x, et de distinguer les créances de l'état des créances particulières. Le sieur Pitou ne manqua point alors de s'adresser a elle pour la liquidation de sa créance; cette commision était présidée par monsieur le comte Daru.

N° 23. —Mais suivant une déliberation prise le 8 février 1829 (*Voir pièce numéro* 5), cette commission décida que la demande devait être rejetée sur le motif entre autre, que le réclamant ne produisait aucune pièce, soit du mandat qu'il dit avoir reçu, soit des avances qu'il a faites.

Le M. — N° 23. — Pourquoi, Messieurs, le vérificateur et le directeur de l'enregistrement, transposent-ils l'ordre des pièces? « La délibération du 8 février 1829, est postérieure à celle du « 9 novembre 1828, et au contrat synallagmatique du 15 du « même mois. » Le mandataire a présenté les deux premiers titres des 9 et 15 novembre 1828, aux nouveaux commissaires de l'ancienne liste civile : baron de Schonen et Duvergier de Hauranne; en juin 1831, il les a appuyés *de l'interrogatoire sur faits et articles*, *du* 15 *mars* 1828, titre judiciaire traité si dédaigneusement et par ordre, dans le numéro 47 de ce rapport du 20 novembre. Alors, Messieurs, les nouveaux commissaires ont repondu en rougissant : « Oui, M. Pitou, vos titres sont « réels, et le nôtre est faux; mais nous faisons ressource pour « éliminer les obligations. » Le pouvoir est-il décidé à voir qui de nous est un faussaire?

N° 34. — M. Pitou

N°. 24.—M. Pitou ne tient pas cette délibération pour constante; il la rejette au contraire avec énergie, attendu qu'elle repose sur un dire évidemment faux, celui de l'absence des preuves, lorsque toutes ces pièces ont été fournies.

Le Mandataire. N° 24.—M. Pitou soutient par un acte judiciaire du 15 mars 1828, que les deux titres des 9 et 15 novembre de la même année, émanent de ce premier acte, et que celui du 8 février 1829, que vous lui présentez pour la première fois, par un ordre supérieur de la Chambre, le 13 juin 1831, pour annuler les deux premiers, est reconnu faux par ceux mêmes qui le lui présentent. Le pouvoir ou Messieurs les commissaires reviennent-ils sur leur aveu fait à la Chambre électiv een 1833, en présence du Roi....?

N°. 25. — La vraie délibération, *dit-il*, celle à laquelle on doit uniquement s'arrêter, c'est la délibération prise le 9 novembre 1828, par le président de la commission, M. le comte Daru, et qui régle définitivement la créance à la somme de 1,515,300 francs.

Le M. — N° 25. — M. Pitou appuie la réalité de ses titres sur une pièce judiciaire, reconnue par votre aveu contre vous-mêmes. Rétractez-vous cet aveu répété plus bas par vous-mêmes, Messieurs, dans le 39me numéro du présent rapport? Votre silence vous condamne, et lorsque le ministre Humann et sa haute administration, déclarent *qu'ils ne rejettent ni contestent notre mandat*, et leur doute affirmatif prouve et avoue : que leur pièce est fausse et la nôtre vraie, et qu'ils n'éludent notre demande, que parce qu'elle rentre en premier ordre et en première ligne dans le département des finances ; car notre mandat est officiellement ratifié ; mais fût-il douteux (pour vous seuls au monde), les actes accomplis par le mandataire, sont bien au-dessus du titre chirographaire du mandat ; ces actes sont commandés par Dieu, par l'état, par la monarchie, à tous les Français; celui qui libère son pays *d'une dette de onze milliards*, est-il créancier légitime du trésor public ? Peut-il être évincé par une fin de non-recevoir par des faux ? Peut-il être condamné depuis huit ans, *à six sous et demi par jour, à trois onces de pain et au suicide ?...*

Prouvons ce texte *à l'incrédulité intéressée* de 1830 à 1838, à annuler les titres par tous les moyens.

De 1830, premier juillet, à 1832, j'ai reçu sur ma pension de 1500 francs, de l'ancienne liste civile, constituée à titre onéreux et gage d'une créance de trois cent mille francs, cinq cents francs en 1833, rien en 1834, rien en 1835, jusqu'au neuf décembre, rien.

Pendant trente-cinq mois et neuf jours, M. Humann, sans me connaître, m'a puni d'avoir rejeté comme fausse, la délibération du 8 février 1829, reconnue fausse par les nouveaux commissaires de l'ancienne liste civile, qui me la présentèrent en 1831, et de leur aveu, pour annuler ma créance et faire ressource, je n'ai rien touché pendant trente-cinq mois, neuf jours.

Le ministère Humann constate ce fait par écrit dans le présent rapport, numéros 24, 25, 51, 53 du rapport du vérificateur des domaines, 54, 55, 56 du rapport du directeur de l'enregistrement des domaines.

J'ai reçu du trésor public en totalité, douze cent quatre-vingt-huit francs, dans l'espace de huit ans et demi. Pendant trente-cinq mois et neuf jours que je n'ai rien reçu, il a fallu vivre, éprouver le choléra et venir au secours de ceux qui m'ont sauvé la vie. Les deux sommes reçues en 1837 et 1838, montant ensemble à quatre cent vingt francs, m'ont servi, avec les aumônes que j'ai reçues, (au risque d'être emprisonné pour infraction à la loi contre la mendicité,) m'ont servi en 1837 et 1838, à mettre au net, à copier et à faire copier sous mes yeux, pour les trois pouvoirs réunis, *la Pétition et Révélations remises* aux trois pouvoirs, présidens des deux Chambres, les 17, 18, 21 mars 1837, président du conseil des ministres, premier président de la cour royale de Paris, premier président de la cour de cassation; les cours royale et de cassation ont prononcé en ma faveur en 1836, le 11 mars 1836 et 2 mai 1837. (Voir la *Gazette des Tribunaux* de ces époques, numéro du 13 mars 1836 et 5 mai 1837.

Les deux corps législatifs m'ont accusé réception et enregistrement des titres, sous les numéros 163, Chambre des Pairs, 545, Chambre élective.

La demande a été examinée à huit-clos jusqu'à ce jour, la

funeste nécessité enchaîne, dit-on, *la justice*, *et met le scellé sur les lois.*

Au mois de mars et d'avril 1838, j'ai répété la pétition avec de nouvelles révélations, aux trois pouvoirs; je l'ai fait avec la même discrétion. Quand je n'aurais qu'un loyer de cent francs par an, il ne me serait pas resté plus de 350 francs pour vivre, et payer quatorze copies originales de la *Pétition* et *Révélations.*

Mais voici le supplément à cette somme totale, reçue du trésor public, de douze cent quatre-vingt francs, sur ma pension de 1500 francs sur l'ancienne liste civile, constituée spécialement à titre onéreux, comme gage d'une créance de famille, de trois cent mille francs.

A dater du 31 juillet 1834, époque de la reprise de la discussion du traité ratifié des États-Unis, avec lequel ma demande fut classée en 1831. (Voir la suite du texte du mandat, pièce jointe au présent rapport.)

J'ai reçu de S. M. Louis-Philippe Ier, sous le nom *de secours*, pour la première fois, *cinq cents francs*, et depuis cette époque jusqu'à ce jour, y compris ce *premier secours*, une somme égale à celle du trésor public, 1288 francs.

J'ai reçu en outre de S. M. la Reine, depuis 1835, la somme de trois cent soixante francs, et de S. A. R Madame Adélaïde, la somme de soixante francs.

Le 13 novembre 1837, le tableau confirmatif de ma pétition et des révélations, ayant été mis sous les yeux du Roi, de Monsieur l'intendant général de la liste civile, et remis au fils de M. le baron Fain, chef de l'administration, par M. Viollet-le-Duc, nommé rapporteur arbitre par Sa Majesté, je reçus de la part du Roi, l'invitation *de demander une existence au monarque.*

Le lendemain, 14 dudit mois, je rédigeai ma demande dans les termes convenus avec M. Viollet-le-Duc, *de ménager les intérêts de la nouvelle liste civile*, *qui est très-insuffisante.*

La requête fut agréée par le rapporteur arbitre; la jeune administration de ce département ayant lu en courant, et les pièces et l'exposé, opinèrent comme les jeunes conseillers de la cour de Roboam. Huit jours après, le digne fils du très-illustre baron Fain, revit les pièces et avoua au rapporteur arbitre, que cette affaire unique et de premier ordre, méritait une sérieuse attention; il fut question de liquider d'abord la pension de 1500 francs, et la somme garantie par cette pension, dans les termes de la transaction consommée en 1817, et suspendue dans son exécution, au moyen des faux et des soustractions de pièces.

Le 22 novembre 1837, L.-A. Pitou reçoit du Roi un bon de secours de 150 francs, sur la liste civile de Sa Majesté. Cette somme fait partie de celle de 1288 francs, énoncée plus haut.

D'après l'allocution du rapporteur arbitre, du 20 novembre de ladite année, le mandataire prend *ce bon de secours* pour une promesse, et une invitation à la patience.

Au 15 et 30 décembre, il répète son exposé, l'explique, le motive, demande une audience au pouvoir, et s'engage à prouver mathématiquement, comme il l'a fait sans relâche, au Roi et au ministre Humann, depuis le 19 mai 1834, que sa demande, loin d'être onéreuse au trésor public et à la liste civile, peut être liquidée sans bourse délier, par des moyens légaux et légitimes, et en sus, faire rentrer au trésor public et à la couronne, dix à douze millions. Ces deux mémoires restent sans réponse, malgré les instances du mandataire ; au mois de février, mars et avril, celui-ci répète aux trois pouvoirs, la pétition de l'année précédente, et l'accompagne de nouvelles révélations qu'il remet lui-même avec la discrétion qui accompagna les précédentes.

De 1830 jusqu'au 8 avril 1834, la révolution, plus acharnée que jamais contre le trône, dans la personne du Roi qu'elle a choisi, s'est étudiée à briser toutes les colonnes de l'édifice, pour ensevelir l'occupant sous les décombres. Quatre jours avant la seconde guerre civile, la Chambre élective adopte une loi empreinte du génie de l'époque, sur le mode de liquidation de l'ancienne liste civile; la loi adoptée et promulguée reste pendant quatre ans sans exécution ; après bien des orages aux mois de mai et juin 1838 ; les pouvoirs s'entendent et se font des concessions pour le réglement des comptes entre le trésor public, l'ancienne et la nouvelle liste civile, depuis 1830 jusqu'en 1838. Les 8, 9 juin, 13, 19 juillet, Sa Majesté et M. l'intendant de la liste, par l'organe du rapporteur arbitre, ont été informés du rappel motivé, *d'une existence indiquée* au mandataire, par ordre du Roi.

Le 26 juillet, la demande est répondue par *un* bon de secours *de cent francs* sur la liste civile.

Dans son remerciement au Roi, à M. l'intendant de la liste civile, L.-A. Pitou distingue avec respect un *bon de secours*, *sans désignation de somme et d'époque, de l'accord d'une exis-*

tence qui, loin de *gréver* ni le trésor public, ni celui de la couronne, ni celui du Prince, fait rentrer des fonds par des voies légales et légitimes, et sans bourse délier; les observations des 3, 5, 7 et 24 août, adressées au Roi, sont lues et non répondues.....

Le 19 septembre, un très-proche parent de M. l'intendant général de la liste civile, ménage à ce sujet une audience à Louis-Ange Pitou, auprès de M. le comte de Bondy. Le mandataire veut résumer ce qu'on vient de lire : chaque mot est répondu par ces paroles : Le Roi est maître de sa liste civile ; il en dispose comme bon lui semble ; il n'en doit rien à personne. — Monseigneur, *un secours n'est point une existence.* — Il n'en doit rien à personne. — Monseigneur, une demande appuyée sur des révélations qui constatent une soustraction de 167 pièces originales, faite par le pouvoir, dans le dossier du pétitionnaire, mérite quelque attention, lorsque cette soustraction a lieu pour annuler la créance. — Le Roi ne doit rien; votre dette regarde l'état. — Monseigneur, de 1805 à 1814, et de 1814 à 1830, des hommes du fisc et de l'émigration, placés au trésor et à la liste civile, en balotant les créanciers de l'état, et se partageant le gâteau malgré l'Empereur, malgré le Roi, envoyèrent l'un mourir à Sainte-Hélène, et l'autre à Goritia, dans les bois du Frioul. — Allons, Monsieur, finissons-en, on attend. — Monseigneur, en 1832, un préfet de la Seine refusa de voir un pétitionnaire, et de recevoir ses titres ; cet homme s'adressa au Roi, au ministre de la justice et aux Chambres législatives ; le Roi, le garde des sceaux et les Chambres lurent les pièces et les enregistrèrent ; cinq jours après, le préfet enregistra la pétition et redemanda les pièces au pétitionnaire, pour les enregistrer. Monsieur l'intendant promet de revoir les titres ; point de réponse jusqu'à ce jour.

Le syndic, les créanciers et le pétitionnaire ne changent rien à leur marche, à leurs propositions, à leurs principes; ils évitent le scandale et décident que le Roi, le ministre des finances, Monsieur l'intendant général de la liste civile, le rapporteur arbitre, le président du conseil, le ministère, les préfets de Police et de la Seine, M. le procureur du Roi, recevront les premiers imprimés de ces révélations.

Ce moyen d'éclairer le pouvoir est l'avis de monarchistes purs, de ministres des autels du siècle de Bossuet, de Fénélon, de Bourdaloue, convaincus que tout pouvoir et toute légitimité émanent de Dieu seul ; de vieux guerriers sans reproche et sans peur, chevaliers dignes de défendre le temple de Dieu ; la personne et le palais des Rois, sont dans les mêmes principes; des fonctionnaires publics qui honorent leur poste en servant le Roi comme ils servent le souverain maître, ayant lu les titres, aident, guident, encouragent le mandataire et modèrent l'impatience des créanciers.

Il s'agissait de trouver un typographe, connu par ses talens, sa discrétion, ses principes et la direction de son établissement; ils ont trouvé cet homme; il les a compris.

Comme pétitionnaires, la publicité leur est acquise; comme amis de la religion, de leur pays et du monarque, ils veulent que le pouvoir et le gouvernement, intéressés dans cette demande, en soient informés les premiers, et qu'ils en profitent.

N°. 26.—Le sieur Pitou produit une copie de cette dernière délibération, (*Voir pièce numéro* 29), *dont la minute doit exister*, dit-il, *dans les archives de la commission*; et de plus un long écrit qu'il intitule: *Historique des deux décisions opposées et contradictoires de la commission des dettes Royales*, (*Voir pièce numéro* 10).

Le M. — N° 26. — Ce n'est qu'après une lutte de trois mois, que vous avez été amené par le mandataire, à enregistrer et à produire ses titres, que vous aviez l'ordre de passer sous silence, et que vous dénaturez encore autant que vous le pouvez.

N°. 27. — Par cet historique, M. le comte Daru classe les dettes royales en deux séries: celles contractées librement en France, et celles contractées à l'étranger. Les princes doivent faire de ces dernières leur chose personnelle. Quant aux premières, voici de quelle manière il s'explique. (*Voir page* 14 *de l'historique*).

Le M. — N° 27. — Le comte Daru, en classant les dettes

nationales et monarchiques, et celles de l'émigration, d'après le dossier de L.-A. Pitou, vous indique les actes accomplis par ce mandataire.

N°. 28— « Ces dettes royales *consenties librement* en France par Louis XVI, depuis 1789 et avant la première constitution de 1791, sont un contrat fait avec l'état pour le maintien ou le retour de la prérogative royale monarchique ; ces créances, une fois admises avec le principe de la dette reconnue, sont imprescriptibles. »

Le M. — N° 28. — Ouvrez le dossier secret, pièce numéros 5, 6, 7 ; ce dossier a été produit à Charles X, en 1828 ; comparez la division des dettes de l'une et l'autre époque de 1792 et 1830.... et prononcez si le même mandataire n'a pas rempli son mandat, dans l'intérêt moral et pécuniaire de l'état et du monarque.

N°. 29. — La créance du sieur Pitou devait être classée dans la première série, et un titre de garantie lui était promis.

Le M. — N° 29. — Il lui a été donné ; vous venez de l'enregistrer numéros 24, 25, 26, où ces actes produits par Pitou sont supposés, et il est un faussaire, et la délibération du 18 février 1829, arguée de faux par Messieurs les commissaires et par le titre judiciaire du 15 mars 1828, est réelle ; prononcez ; vous éludez et vous doutez, Messieurs... Nous ne doutons pas, nous, et nous prononçons hardiment contre vous.

N°. 30. — L'autorité de M. le comte Daru étant d'un grand poids, le pétionnaire insiste surtout pour qu'on donne une attention particulière aux détails contenus dans l'historique des travaux de la commission (*pièce numéro* 10), pour qu'on veuille bien se pénétrer de la distinction qu'elle établit entre les engagemens, pris à l'intérieur par le prince et ses engagemens politiques; comme aussi se pénétrer de la définition et de la mission du mandat qui lui fut conféré; c'est parce que le sieur Pitou attache un grand prix à l'opinion de M. le comte Daru, que j'ai cru devoir m'appesantir sur ce point.

N°. 31.—Au surplus, M. le comte, je ne dois pas vous laisser ignorer que c'est sous la dictée de M. le comte Daru, que le sieur Pitou aurait écrit ce long historique; je ne veux pas suspecter la bonne foi de M. Pitou; je le tiens au contraire pour un homme d'honneur, incapable d'avancer un fait qui ne reposerait pas sur la vérité; mais je suis forcé de dire que le décès de M. le comte Daru est pour M. Pitou une circonstance bien malheureuse; car, dans une affaire aussi délicate, bien des renseignemens auraient été nécessaires.

« Le M. — N° 31. — M. Louis-Ange Pitou, *dit le rapporteur*, « est un homme d'honneur incapable de trahir la vérité comme « feu son co-mandataire secret, assermenté au même titre, en « 1828 et 1829, auprès du Roi Charles x, que L.-A. Pitou « auprès du roi Louis xvi et de ses successeurs; Monsieur Daru « meurt en 1829, après avoir confié sous serment au manda- « taire de Louis xvi, un secret inviolable sur le compte de Char- « les x, jusqu'à la mort de ce prince. »

Les faussaires nous disent tout bas, par l'organe d'un rapporteur honnête homme, chargé de leur cause malgré lui.

« M. Pitou, vous êtes un homme d'honneur et véridique. — « Oui, *Messieurs, et vous?* — Monsieur Daru étant mort, vous « restez seul auteur et garant des actes et des explications que « vous donnez sous son nom; et ces actes entre vos mains sont « en blanc; *testis unus*, *testis nullus* : nos registres sur ce point « doivent décider entre vous et nous. — Vos registres, Mes- « sieurs, sont-ils moins dociles à vos mains et à vos vœux, que « ceux de vos prédécesseurs? Qui de nous, Messieurs, a présenté

« des pièces fausses à sa partie adverse? Qui de nous a fait « attendre, malgré la décision de la Chambre élective du 7 « décembre 1830, et l'ordre du président du conseil des ministres « de 1830, jusqu'au 13 juin 1831, *cette délibération du 8 février* « 1829? *Qui de nous*, à la vue du titre judiciaire du 15 mars « 1828, principe de la *délibération, de la décision et du contrat* « *synallagmatique* des 9 et 15 novembre 1828, rédigés par « feu monsieur le comte Daru, s'est écrié : *tous vos titres sont* « *réels et le nôtre est faux?* »

« Monsieur Daru ne nous a donné que la copie de l'original « des titres judiciaires et administratifs des trois examinateurs « de notre dossier, que la copie de l'original du ministre secré- « taire d'état, ministre du Roi et du monarque ; au lieu d'un « seul témoin, tous les pouvoirs sont nos originaux et nos « garants. »

N°. 32.—Cette réflexion est applicable aussi à la délibération du 9 Novembre 1828, dans le cas où elle ne se retrouverait pas sur les registres de la commission des dettes royales, puisqu'elle n'aurait alors d'autres garanties que la parole du sieur Pitou; il pense d'ailleurs que ce n'est point à lui, mais à l'état à faire cette justification; il en est de même de toutes les pièces dont il ne produit que des copies, en ayant déposé les originaux à l'appui des démarches qu'il n'a cessé de faire depuis 1814.

N°. 33.—Je ne dois pas omettre de dire que les syndics de la faillite Pitou crurent devoir intenter une action devant le tribunal de commerce, et le 26 septembre 1828, il intervint un jugement qui les autorisa purement et simplement à faire valoir devant qui de droit les représentations du failli. (*Voir pièce numéro* 26).

N°. 34.—Ce jugement que le sieur Pitou regarde comme très favorable à sa cause, ne peut être un titre pour lui, puisqu'il n'est contradictoire qu'avec ses créanciers.

5

Le M. — N° 34. — Louis-Ange Pitou est d'accord avec ses créanciers commerciaux et diplomatiques, contradictoirement avec ses débiteurs; ces derniers, devant le tribunal de commerce de la Seine, se sont portés caution pour le mandataire, s'engageant à le réhabiliter et à payer pour lui, attendu que sa faillite est la leur, qu'ils en ont répondu par écrit en justice, comme il appert par la pièce du 15 mars 1828. Les numéros 35, 36, 37 qui suivent, prouvent combien la conscience des rapporteurs, s'ils étaient libres, serait concordante avec la vérité.

N°. 35.—Néanmoins ce jugement porte *que le ministère doit un compte au sieur Pitou*; c'est pourquoi il fut signifié le 13 juin 1829 à M. le procureur du roi, et le même jour à M. l'intendant général de la liste civile.

N°. 36.—Enfin, pour terminer ici l'analyse de toutes les démarches du pétitionnaire, je dirai qu'il s'est inutilement pourvu devant la commission établie après les événemens de 1830 pour la liquidation de l'ancienne liste civile.

N°. 37.—Il est vrai que M. Pitou annonce que la commision n'a rejeté sa demande que faute de fonds, et que M. de Schonen a donné ce seul motif au renvoi du pétitionnaire, enfin le sieur Pitou a présenté à sa majesté Louis-Philippe 1er un mémoire dont il a remis copie à la Chambre des Pairs et à la Chambre des Députés. (*Voir pièce numéro 1er*).

N°. 38.—C'est donc après tant de pas infructueux, de démarches inutiles, après tant de mémoires produits et de lettres écrites, que le pétitionnaire, selon que je l'ai dit en commençant, et les syndics de sa faillite, s'adressent à vous, M. le Préfet.

Le M. — N° 38. — C'est par les *faux* et les soustractions de pièces, que les mémoires et les efforts du mandataire ont été infructueux; pour en convaincre les trois pouvoirs, les Rois, les peuples et les ambassadeurs de tous les pays, car cette cause est celle du genre humain, que le numéro 39 suivant soit composé en caractère saint Augustin, et les cinq dernières lignes de ce numéro, en petit-canon.

N° 39. — Si d'ailleurs on veut se créer une idée de tout ce qu'a entrepris le sieur Pitou pour parvenir à la liquidation de sa créance, on n'a qu'à se reporter à l'état ci-joint de toutes les pièces qu'il produit; encore n'est-ce que la moindre partie de celles qu'il a déposées dans les bureaux et dont le nombre dépasse celui de 260.

Je dois dire cependant que, si le sieur Pitou a fourni une aussi ennuyeuse quantité de pièces, c'est qu'elles ont été bien des fois égarées.

N°. 40.—Le pétitionnaire est fermement persuadé, il a l'intime conviction que tout ce qu'il a fait pour les princes français, qu'en exposant pour eux sa vie et compromettant sa fortune, il a pareillement agi dans l'intérêt de l'état, et qu'ainsi son droit est de s'adresser à lui pour le remboursement de sa créance; *ce recours lui a été indiqué par Napoléon, par Louis* XVIII, *par Charles* X *et par le comte Daru, président de la commission des dettes royales.*

N°. 41.—Il se fonde en outre.

N°. 42.—1°. Sur son mandat.

N°. 43.—2°. Sur les conclusions qui ont été données par les bureaux du contentieux et des domaines du ministère de la maison du Roi, qui font rentrer la créance dans le domaine de l'état.

N°. 44. — 3°. Sur la lettre ci-devant rappelée de M. le duc de Doudeauville, ministre de la maison du Roi, qui reconnaît le mandat. (*Pièce numéro* 2).

N°. 45. — 4°. Sur une lettre de M. le Baron de la Bouillerie, intendant-général de la maison du Roi, du 26 juillet 1828, dont l'original est ci-joint, (*Pièce numéro* 4), *et qui porte* que la liste civile est étrangère aux dettes de la nature de celle du sieur Pitou ; le principe de notre législation, y est-il dit, les met à la charge de l'état, et la maison du roi n'a cessé de provoquer un fonds législatif pour en opérer la liquidation.

N°. 46. — 5°. Sur le jugement du tribunal de commerce du 26 septembre 1828, signifié le 12 juin suivant (*Pièce numéro* 26).

N°. 47.—6°. Sur une série de réponses qu'il aurait faites aux syndics de sa faillite, réponses qu'il qualifie d'interrogatoire sur faits et articles dont il produit copie. (*Pièce numéro* 22).

N°. 48.—7°. Et par dessus tout, sur la délibération du 9 novembre 1828, signée de M. le comte Daru, président de la commission des dettes royales et la note du 15 qu'il y a jointe, le tout ayant, aux yeux du pétionnaire, le caractère d'un contrat synallagmatique qui oblige envers lui, comme mandataire, l'état, le prince et les deux branches de la famille des Bourbons. (*Pièce numéros* 10 *et* 29).

N°. 49. — Ce dernier document étant celui auquel le sieur Pitou attache le plus d'importance sera, de ma part, le sujet de quelques observations.

Le M. — N° 49. Du n° 40 à 49. — Le rédacteur s'étonne de la confiance que le résumé de ses titres inspire au mandataire ; mais se trouvera-t-il un lecteur, sans en excepter M. Humann et son administration, qui n'ait jamais en secret, une lueur de justice et de conscience ?

Pour arriver sans honte à une conclusion aussi opposée aux principes, que le jour l'est à la nuit, ces messieurs omettent deux titres assez marquans.

1° De 1801 à 1803, l'empêchement efficace mis par L.-A. Pitou, à l'émission d'un milliard de faux billets de la banque de France, fabriqués ici à Paris, avec les fonds de l'Etranger, sous les auspices *des princes français Louis* XVIII *et Charles* X.

2° De 1825 à 1830, l'opposition efficace du même mandataire, à l'inscription de cinq cents millions de rentes, au capital de dix milliards, pour liquider l'Etranger et l'émigration.

Mentionner ces deux titres avec les autres, et inscrire le mandataire sur la *liste des émigrés et des Princes déchus*, c'était par trop criant... La négation des titres inscrits et les suppositions, recommencent au numéro 50 et suivans.

N°. 50. — L'opinion d'un homme aussi plein de lumière, de connaissances et d'équité, que le fut M. le comte Daru, n'est point de celles assurément qu'on doive dédaigner ; mais outre qu'on ne la connaît que par l'histoire de M. Pitou, on remarque dans l'extrait que j'ai fourni de cette opinion, *qu'elle ne se rapporte qu'aux créances admises, qu'à celles dont le principe a été reconnu.*

Le M. — N° 50. — « L'opinion de monsieur Daru ne se « rapporte qu'aux créances admises, qu'à celles dont le principe

« est reconnu ; comme c'est monsieur Pitou qui me fournit « l'historique de monsieur Daru, je suis le maître de douter de « l'admission et du principe de la créance.

N°. 51.—Si la créance n'a jamais été admise comme vraie, est-ce parce que les pièces produites se sont trouvées insuffisantes ou irrégulières ? est-ce parce que, selon que le dit le réclamant, les unes ont été soustraites et les autres falsifiées? Je n'en sais rien, et crois inutile de m'arrêter sur ce point ; dès lors que la reconnaissance de la dette ne ferait pas encore, du moins dans mon opinion, quelle devienne dette de l'état, et c'est là, selon moi et comme je l'ai dit, qu'est toute la question.

Le M. — N° 51. — Lisez le texte de la ratification du mandat, l'examen du dossier, les conclusions des examinateurs ; toutes ces pièces sont enregistrées par vous ; effacez votre ouvrage ou concluez que ces titres sont suffisans.

Votre *si* est plus qu'une supposition ; c'est une affirmation contre l'évidence et contre vous-même, très-honnête homme, hors des étreintes du fisc.

Vous *ne savez pas si les pièces ont été falsifiées ou soustraites* ; mais relisez donc le numéro 39 de votre rapport actuel ; vous nous avez dit à nous-mêmes, que l'épithète *égarée* était l'euphémisme de convenance d'administration à administration, qui signifie *grattées*, *lavées*, *amplifiées*, *soustraites et détruites*. Le fisc sera fâché si vous avez, dans cette occurrence, de la mémoire et de l'honneur ; mais vous en aurez, car vos garants et les nôtres sont le corps législatif et judiciaire, le Roi et le gouvernement ; rapprochez les numéros 6, 39 et 51 de votre rapport. Dans le numéro 6, craignant de trouver la preuve des faux, vous ne discuterez point les pièces au numéro 39, vous nombrez les faux ; voilà un échec pour votre partie, d'autres vous diraient : c'est son jugement et sa condamnation ; votre démenti, donné à l'évidence dans ce numéro 51, est un second échec ; en voici un troisième dans ce même numéro : *qu'on* ait, *dites vous*, falsifié et soustrait tout ce qu'on voudra, du dossier, cela ne prouvera pas (dans mon opinion) que la dette deviendra, par ces soustractions, dette de l'état; mais cette dette ne devient pas dette de l'état, elle ne paraît cesser de l'être, que par l'enlèvement que vous avez fait, des titres qui la constituent.

N°. 52.—Je suis peu surpris d'ailleurs que les bureaux du contentieux de la maison du Roi, que même M. le Baron de la Bouillerie, dans sa lettre du 26 juillet 1828, ayant prétendu que la créance était de celles qui rentrent dans le domaine public, leurs positions voulaient qu'ils pensassent ainsi; cette opinion professée sous les règnes de Louis XVIII et de Charles X, dérivait naturellement des personnes, des temps et des circonstances.

N°. 53. — Mais sous le règne actuel, après une révolution comme celle de il y a trois ans, on a peine à se persuader que l'état soit tenu de récompenser des services de la nature de ceux rendus par le sieur Pitou, et quelque réels et méritoires qu'aient été ses services, évidemment dans l'intérêt d'une dynastie, l'état ne peut reconnaître une dette qui n'a pas été reconnue même avant les événemens de 1830.

Le M. — No 53. — Quand la République et l'anarchie auraient succédé à la monarchie, comme au 10 août 1792, les numéros 6, 39, 51 de votre rapport, vous privent des prérogatives que vous vous donnez; car un gouvernement, quel qu'il soit, ne nie pas son existence; il admet au moins, pour la forme, des règlemens, des lois et une justice; un laveur de titres, un soustracteur de pièces, convaincu et par les faits et par son témoignage écrit, s'est mis hors des réglemens, des lois et de toutes les justices.

De 1814 à 1825, les premiers auteurs de ces *essais*, protégés par l'émigration de la cour et par le frère du Roi, couvrirent ce délit du manteau de l'absolutisme.

De 1825 à 1830, ce manteau, déchiré par la foudre, découvrit l'abyme où la justice enchaînée frappait la commotion de juillet.

Depuis huit ans, le fisc, sourd à cette leçon, en provoque le retour par une double récidive; car il interdit les lois, et ferme tous les temples de la justice à ceux par qui il est interdit lui-même.

N°. 54.—Quelque intérêt donc que puisse inspirer la position fâcheuse et peu méritée du pétitionnaire, et les sacrifices sans nombre qu'il a faits pour la rentrée des Bourbons, je suis contraint d'observer que l'état me paraît absolument étranger à la créance du sieur Pitou, et qu'il ne peut qu'être renvoyé à se pourvoir, par de nouvelles démarches, auprès de la commission chargée de liquider les dettes de l'ancienne liste civile.

N°. 55.—Cette commission se trouve avoir à répartir un fonds législatif de 2,500,000 francs entre les créanciers, et de 300,000 francs entre les pensionnaires les plus nécessiteux de la liste civile de Charles x, et à ce double titre M. Pitou doit exciter d'autant plus l'intérêt des commissaires répartiteurs qu'il n'a reçu depuis trois ans qu'un secours de 500 francs.

N°. 56. —Ce qui importe surtout au pétitionnaire, c'est de mettre un terme aux trop vives instances de ses créanciers, c'est de se relever d'une condition, celle de failli, toujours pénible pour l'honneur; mais, tout en rendant justice à sa modération, comme à ses sentimens de probité, je persiste à croire que la créance dont il s'agit n'est pas de celles qui peuvent être mises à la charge du domaine public.

N°. 57.—J'ai dit tout à l'heure que le sieur Pitou ne pouvait qu'être renvoyé à se pourvoir auprès de la commission des dettes de l'ancienne liste civile, il paraît avoir senti de lui-même la nécessité de cette démarche, puisqu'il vient de me communiquer un long mémoire que présente au roi M. Peccatte, syndic de sa faillite, et dont copie doit être remise à M. le président de la nouvelle commission des dettes royales; je désire je désire bien sincèrement qu'un plein succès vienne à couronner cette dernière démarche.

Le M. — Nos 54, 55, 56, 57. — Voici le véritable sens de ce numéro et des suivans. « M. Pitou, je ne puis ni contester les « preuves des faux et des soustractions de pièces, ni échapper « aux conséquences de ces faits; je suis trop avancé pour reculer « et ne pas persister à soutenir que le jour, c'est la nuit ; renon- « cez à la décision et au contrat que vous a transmis M. Daru ; « adoptez ma décision du 8 février 1829, comme seule véritable. « Vous sortez de mon département, mais je vous y fais rentrer, « sur parole d'honneur, et nous ne serons faussaires ni l'un ni « l'autre : sur-le-champ je deviens votre avocat auprès de la « commission chargée de liquider les dettes de l'ancienne liste « civile. »

Jugez cette interprétation par les numéros qui suivent, de 54 à 58. Messieurs le préfet, comte de Rambuteau, le directeur de l'enregistrement, le vérificateur des domaines, nous fournissent leurs rapports ; ainsi nos adversaires ont des droits à notre confiance, comme nous croyons en avoir à la leur.

Pour comprendre ce qui suit, il faut connaître la marche adoptée pour suivre une demande aux finances. Le préfet de la Seine, chef de division dans la hiérarchie des pouvoirs, section des domaines, représente par fois le directeur général et même le ministre, pour l'initiative du contentieux ; le préfet est représenté par le directeur de l'enregistrement, son premier préposé. Ce premier préposé est représenté par les vérificateurs qui font le premier travail chez eux, avec ou sans les pétitionnaires. Ce vérificateur est censé agir librement, d'après sa conscience et ses lumières, sur les pièces qu'il reçoit du directeur et du demandeur. De peur d'influencer son subordonné, le pouvoir paraît ignorer le contenu des pièces, et s'abstenir de donner aucune direction ni impression au vérificateur.

En réalité, le supérieur se décharge sur cet inférieur du fardeau des affaires ; c'est par lui que les aveux, les propositions, les demandes téméraires, les offres les plus séduisantes, se font et se retirent, s'annulent, s'oublient sans honte et sans scrupule.

Le directeur de l'enregistrement reçoit le premier travail du vérificateur, le soumet au préfet et au directeur général de l'enregistrement ; l'avis de ce directeur n'est pas tout-à-fait sans conséquence ; il prend conseil, examine le premier travail ; y fait comme de son chef, les changemens que désire la division supérieure. Cette division a tel égard qu'elle veut, à ce double travail.

Le pouvoir fiscal, cupide, prodigue, avare, ostentieux, est le *Formica Leo*. Il attire ses créanciers au fond de ses abîmes, les épuise, les étouffe, hérite en silence, non sans effroi, mais sans homicide apparent.

Ce même pouvoir supérieur est encore l'araignée au centre de son réseau; il interroge chaque fil sur la portée et l'issue de chaque affaire; suce l'âge, les moyens, le crédit, les facultés morales et pécuniaires du demandeur. On a des vérificateurs de tous les degrés; on les met aux prises et à l'essai avec les réclamans. Si l'un laisse triompher la vérité et la justice, on lui en substitue un autre d'un degré supérieur; par exemple, dans la réclamation Pitou-Peccate, le pouvoir nous avoua ingénuement qu'après avoir remis les pièces à plusieurs contendans, il n'en trouvait aucun aussi capable que le dernier, nommé Bonnard, fort honnête homme et fort instruit, mais forcé, pour rester en place, de concilier sa conscience avec l'invention des expédiens, pour atténuer l'effet des faux et des soustractions de pièces. Jugez-en par cet expédient du vérificateur, insinué dans le numéro 53 de son rapport, qui se trouve le numéro 56 de celui du vérificateur; à cette variante près, le texte des deux rapports est le même jusqu'à la fin.

Numéros 53, — vérificateur, — 56, directeur de l'enregistrement.

« N° 53. — Au surplus, M. le directeur, le pétitionnaire est « loin d'insister sur le paiement intégral de sa créance; il se « contenterait sans doute, de 260,000 francs, qui sont le résultat « de la transaction ménagée par M. le duc Davaray. (Voir plus « haut, numéros 13 et 15 des deux rapports.) »

Le vérificateur avait glissé cette assertion sans en prévénir le mandataire; M. le directeur de l'enregistrement ne pouvait l'insérer sans consulter M. Pitou.

Il fit lire à M. Dochereau : 1° le rapport et les conclusions des trois examinateurs de son dossier; 2° les titres de la ratification de son mandat; 3° la délibération du 8 février 1829, toutes pièces enregistrées numéros 13, 14, 15, 16, 21, 22, 23, rapport du vérificateur du 12 octobre, et numéros 15, 16, 17, 23, 24, 25, 26 du présent rapport du 20 novembre 1833.

En 1817, transaction faite entre le Roi, le ministre comte de Pradel et L.-A. Pitou, M. le duc Davaray, arbitre et garant, mise à exécution jusqu'en 1820, inexécutée par ruse, par violence, par soustractions de pièces.

En 1822, un inspecteur vérificateur de la liste civile, fait au mandataire une proposition toute pareille à celle de M. Bonnard. En 1823, c'était un piège que lui tendait l'émigration, par l'organe de M. Chamfeu de Givreuil; on ne lui donna rien; on lui promit soixante mille francs et mille écus de pension, pour le retrait de sa plainte portée au cabinet du procureur du Roi, contre les faussaires de la liste civile; (en tête, monsieur le secrétaire de ce département, Dubuisson, vicomte de la Boulaye.) Voyez les conclusions données par les trois rapporteurs du dossier Pitou. (Page 70, *première* série des pièces *remarquables*.)

La délibération du 8 février 1829, contenant plus de faux que de mots, de l'aveu de ceux qui l'ont présentée, nie le mandat et les titres de la ratification, de la créance et de la transaction de 1817. M. Bonnard s'appuie de cette délibération; comment peut-il proposer au mandataire l'admission d'un titre reconnu faux, lequel titre faux nie le titre vrai?

Le vérificateur a reçu les pièces en juillet 1833; le 22 octobre 1833, le travail de cette commission était terminé, et la distribution des fonds était arrêtée avant que la loi du 8 avril fut présentée et adoptée. M. Bonnard le savait, il avait l'ordre de nous leurer; car, en définitive, malgré les improbations des corps législatifs, la commission Bassano a eu le sort de la commission Daru, et la première a été plus respectée que la seconde, car le roi Charles x, en 1829, n'exigea le secret de sa commission du 2 août 1828, qu'en s'engageant authentiquement dans les journaux dont il était actionnaire, à liquider les dettes reconnues par la commission et à rendre les titres à l'ouverture de la session de 1830. M. Bonnard savait bien que L.-A. Pitou s'était adressé l'un des premiers, dès la nomination de la commission, à son président, auquel il annonçait son double recours; alors, le chef du fisc fit écrire au mandataire, au nom de M. de Bassano, que *ses titres n'étaient pas de la compétence de la commission*. Nonobstant cette missive, L.-A. Pitou et son syndic firent admettre les titres par M. de Bassano, qui en accusa réception et promit de les appuyer.

N°. 58.—Je me proposais de ne joindre à mon rapport que les pièces que vous m'avez transmises par votre lettre du 17 mai dernier; mais pour vous mettre à même de statuer sur la demande du sieur Pitou, et pensant que celles qu'il m'a communiquées pourraient aider au succès de sa démarche, j'ai cru devoir les joindre.

N°. 59.—Je dois d'ailleurs vous observer, M. le comte, qu'à l'exception de la lettre de M. le Baron de la Bouillerie du 26 juillet 1828, qui est en original, toutes ces pièces ne sont absolument que des copies certifiées par le sieur Pitou, sauf quelques-unes qui l'ont été par M. Cailleau, l'un des syndics de sa faillite ; quant aux pièces originales, elles ont toutes été déposées dans les bureaux de la commission des dettes royales de Charles x.

N°. 60.—Vous trouverez ci-joint, M. le comte, un état détaillé de toutes les pièces que j'ai l'honneur de vous adresser, et auxquelles j'ai donné un numéro en encre rouge. Vous remarquerez, d'ailleurs, en ce qui est des quatre derniers numéros, que toutes les lettres y rappelées, m'ont été représentées en original.

Agréez, je vous prie,

Monsieur le Préfet,

L'hommage de mon respect.

Le Directeur de l'enregistrement et des domaines,

D'HOCHEREAU.

ÉTAT DES PIÈCES

Jointes au rapport du directeur de l'enregistrement et des domaines, du 20 *novembre* 1833, *sur la pétition de M. Pitou.*

N°. 1er S'applique à Sa Majesté Louis-Philippe 1er.

Note explicative.

La pétition aux deux chambres, exposant l'état de la demande et la cause des retards apportés au succès de la demande; cette supplique est accompagnée d'une autre lettre adressée à M le préfet et à M. le garde des sceaux; ces deux magistrats ayant rendu les pièces et refusé de les enregistrer pour s'autoriser du prétexte d'ignorance ; M. Pitou prenant le Roi pour juge des antécédents, à mis M. le préfet dans la nécessité de redemander au pétitionnaire les même pièces que les bureaux du domaine de son département qui, les ayant reçues et examinées en 1829, et au commencement de 1830, les lui firent remettre sans explication après le 29 juillet 1830. »

Ces pièces sont datées, la première du 27 Avril, et la seconde du 5 *mai* 1833.

N°. 2.—Une liasse en 12 feuillets de pièces et lettres lithographiées.

Note explicative.

« Cette liasse de douze feuillets contient la copie des titres de la ratification du mandat, le compte fourni au ministère du Roi, d'après la demande en juin 1825; elle contient aussi la preuve des avances faites par M. Pitou en vertu dudit mandat. Cette preuve est faite par les commandataires du pétitionnaire.»

N°. 3 —Un volume in-8°, imprimé et broché ayant pour titre : *De l'incrédulité intéressée.*

Note explicative.

«Ce volume in-8° contient trois parties, la première

est l'Historique d'un procès célèbre, soutenu par le pétitionnaire, contre M. Dubuisson, vicomte de la Boulaye, secrétaire-général du ministère de la maison du Roi, atteint et convaincu d'avoir altéré le registre de la liste de la transaction faite avec M. Pitou en 1817.»

Les deux autres parties du même volume reproduisent toutes les pièces sciemment altérées et soustraites par M. Dubuisson.

PIÈCES

Déposées à M. Bonnard, vérificateur des domaines, chargé de faire un rapport sur la pétition. (1)

(1) *Ce dépôt a eu lieu de la part de M. Pitou, du* 24 *juillet au* 16 *août* 1833.

N°. 4.—Lettre originale adressée le 28 juillet 1828, par M. le Baron de la Bouillerie, intendant-général de la liste civile, au syndic de la faillite Pitou ; la dite lettre accompagnée de son enveloppe.

Note explicative.

« Cette lettre explique et confirme devant les organes de la justice du tribunal de commerce, la note numéro 3 ci-dessus, touchant le secrétaire-général de la maison du Roi ; elle justifie les paragraphes 39 et 45 du rapport. »

N°. 5. — Copie d'une lettre écrite le 13 juin 1831, par M. Duvergier de Hauranne (père), l'un des commissaires de l'ancienne liste civile de Charles x, à M. le Cailleau, l'un des syndics de la faillite ; suivie de la copie d'une délibération prise le 8 février 1829, par la commission dont M. le comte Daru était président.

« Cette lettre et la prétendue décision qui l'accompagne contenant plus de faux que de mots, doit être jointe aux numéros 8, 9, 10, 28 et 29; toute la cause est dans ces six numéros réunis.»

N°. 6.—Pièce confidentielle remise le 16 août 1831 à M. le Baron de Schonen, également commissaire de l'ancienne liste civile.

Note explicative.

N°. 6.— « La pièce confidentielle du 16 août était le rapprochement des deux délibérations contradictoires et opposées de la même commission des dettes royales du 2 août 1828, (Voir les numéros 5, 10, 28 et 29.»

N°. 7.—Réclamation adressée le même jour à messieurs les commissaires de l'ancienne liste civile.

Note explicative.

« Cette réclamation portant sur les faux et les soustractions de pièces, relate à ces messieurs tous les titres remis à la liste civile et mis à l'écart; le 23 août 1831, M. le Baron de Schonen a reçu de M. Pitou un mémoire secret où se trouve le véritable posé de la question sous le point de vue diplomatique judiciaire et financier; ce mémoire communiqué en 1832 aux premiers fonctionnaires de la Chambre des Pairs, et au ministère de la justice, l'a été également en 1833 au vérificateur du domaine, qui, l'ayant rendu à M. Pitou, ne l'a pas inscrit dans la présente notice.»

«Cette pièce très-importante est spécialement adressée et indiquée à la nouvelle commission des dettes royales, le 21 juillet 1833.»

N°. 8.—Premier mémoire secret remis à M. le comte de Bondy, préfet de la Seine, par M. Charles de Bondy, son frère, le 24 février 1832.

Note explicative.

« Ce mémoire accompagné de la copie originale du mandat, expose la cause et toutes les conséquences des actes précédents de l'administration qui renvoie l'exposant, sans vouloir enregistrer ses pièces pour ne pas prendre connaissance des faux commis sous le règne de Charles x, et qui sont sciemment maintenus sous celui de Louis-Philippe 1er.»

N° 9.—Deuxième mémoire secret remis au même, sans date.....

Note explicative.

«Le premier et le second mémoire secrets remis deux fois à M. le préfet, par son frère, les 23 janvier et 24 février 1832, étant porté au bureau du domaine, ont été rendus deux fois sans examen et sans enregistrement à M. Pitou et à son syndic. Le 5 mai 1833, M. le préfet a fait redemander ces mêmes pièces au titulaire pour les enregistrer.

N°. 10.—Historique en 67 pages, des deux délibérations opposées et contradictoires de la commission des dettes royales, instituée par ordonnance du 2 août 1828.

Note explicative.

« Cet historique du comte Daru est assez indiqué dans le rapport ; il résume tous les titres, retrace tous les faits, pose toutes les questions ; les 12 pièces suivantes réunies à la liasse du numéro 2 de cette nomenclature, ont servi de régle et de guide à M le président de la première commission des dettes royales. »

N°. 11.—Situation par *doit et avoir* de Louis-Ange Pitou portant *le numéro* 1er.

N°. 12.—Note de la situation de Louis-Ange Pitou du premier juin 1790 à 1811 et 1828. *Pièce numéro* 2.

N°. 13. — Clef du compte de Louis-Ange Pitou. *Pièce numéros* 3 *et* 4.

N°. 14.—Idem clef du compte. *Pièce numéro* 5.

N°. 15.—Idem clef du compte. *Pièce numéro* 6.

N°. 16.—Idem clef du compte des assignats *faux et contrefaits. Pièce numéro* 7.

N°. 17.—Idem du compte des *faux assignats et des faux billets de la banque de France. Pièce numéro* 8.

N°. 18.—Note indicative et documents du compte Pitou par *doit et avoir. Pièce numéro* 9.

N°. 19.—Note indicative et document du compte Pitou. *Pièce numéro* 10.

N°. 20. — Compte courant par *doit et avoir* de M. Molette. *Pièce numéro* 11.

N°. 21. —Note indicative du compte courant du même. *Pièce numéro* 12.

Note explicative des 12 numéros, depuis 11 jusqu'à 21 inclusivement.

Ces 12 numéros depuis 11 jusqu'à 21 inclusivement forment *le dossier secret*, désigné sous ce titre par M. le président de la première commission des dettes royales du 2 août 1828; ce recueil administratif, judiciaire, contentieux et diplomatique, servait de base et de régulateur au travail de la commission. Il mérita à son auteur, de la part du monarque, de celle des Rois de la maison de Bourbon et du célèbre comte Daru, le titre de garantie et de liquidation de sa créance.

Le premier *recto* de la pièce numérotée 20 et 21, contient un résumé de toutes les pièces du dossier Pitou; ce recueil a été adressé en 1828, le 24 août à M. le Baron de la Bouillerie pour la commission, par ordre du juge-commisaire de la faillite Pitou; ce recueil comme tout le dossier est resté depuis cette époque dans ce même département de la liste, malgré les réclamations des syndics et du titulaire. Pour la preuve, voir plus bas les numéros 30, 31, 32.

N°. 22.—Premier et deuxième rapport à M. Burel, juge-commissaire de la faillite Pitou, accompagnés d'une pièce *qualifiée interrogatoire sur faits et articles.*

Note explicative.

«M. le juge-commissaire, par ordre du tribunal, sur le visa des pièces produites par M. Pitou, décide que le failli en nom sera interrogé par ses syndics *sur faits et articles*; le président de la commission des dettes royales, désigne de même cette pièce qui est une des plus peremptoires. Sa définition réelle et exacte n'est pas une qualification donnée à cette pièce par le titulaire, mais par le titre lui-même.»

N°. 23.—Pétition aux deux chambres législatives, par M. Pitou, du 13 mars 1830.

N°. 24.—Autre pétition aux deux chambres législatives, par M. Cailleau, l'un des syndics de la faillite Pitou, du 13 mars 1830.

Note explicative.

La pétition adressée aux deux chambres, le 13 mars et 1er. septembre 1830, est la même; les deux exposants produisent en orignal le rapport des syndics et l'interrogatoire sur faits et articles; ils demandent communication, en ce qui les concerne, de la décision rendue par la commission des dettes royales, créée par l'ordonnance du 2 août 1828. Leur demande est accordée le 7 décembre 1830, sur les conclusions du rapport très explicatif, sur le fond de la réclamation, donné par M. le comte de Sade.

N°. 25.—Pièce ayant pour titre: Tribunal de commerce, affaire Pitou.

N°. 26.—Copie sur timbre du jugement du tribunal de commerce du 26 septembre 1828, suivi d'une requête aux syndics de la faillite Pitou.

Note explicative.

La première pièce numéro 25 est le motivé du rapport secret du juge-commisaire, qui pense que le ministère doit faire compte avec le mandataire, et payer sans contestation, pour s'éviter une condamnation judiciaire scandaleuse.

La requête des créanciers tend à poursuivre l'affaire sans relâche; actionnés par cette requête, les syndics firent signifier le jugement aux *ministres des finances, à la liste civile, à M. le procureur du Roi et à M. le préfet de la Seine.*

N°. 27.—Pièce ayant pour titre : *Motif de l'attaque*, suivie d'une autre pièce portant le numéro 5, adressée à M. *Boiron, père et fils, de Moulins.*

Note explicative.

Cette pièce est une contestation administrative et judiciaire, demandée à M. Franchet, à M. Delaveau, conseillers d'état, à M. de Belleyme aux jurisconsultes de Moulins, de Riom et de Clermont; cette consultation est répondue si affirmativement, que le conseil occulte de Charles x intervient pour empêcher les juges, les magistrats et les jurisconsultes, de donner au mandataire leur consultation écrite, qui est un arrêt contre le pouvoir.

N°. 28.– Extrait de l'historique des travaux de la commission des dettes royales, instituée par ordonnance du 2 août 1828.

N°. 29.—Arrêté de la commission du 9 novembre 1828, signé, adopté et formulé par M. le comte Daru qui en était le président, suivi d'une note qui porte la date du 15 dudit mois.

Note explicative des numéros 28 et 29.

Ces deux numéros doivent être réunis aux paragraphes 5, 8, 9 et 10 de cet état de pièces; le numéro 22 contenant les rapports des syndics et *l'interrogatoire sur faits et articles*, prouve et confirme le tout par la mise en regard des deux délibérations contradictoires de ce rapprochement, résultepar les rapports des syndics et les réponses du mandataire, confirmées par l'autorité, la preuve morale et matérielle de la soustraction faite à dessein et répétée plusieurs fois à la liste civile; des titres originaux du dossier du mandataire créancier reconnu de l'état et du Roi.

N°. 30.—Copie d'une lettre de M. le ministre des finances, du 11 novembre 1828, et d'une autre copie de M. de la Bouillerie, du 14 mars 1829.

Note explicative.

Le 11 novembre 1828, le ministre des finances répond à M. Pitou et à son syndic, qui lui a signifié le jugement du tribunal de commerce, du 26 septembre 1828. La réclamation de M. Pitou et toutes les pièces qui s'y rattachent, ont été renvoyées par ordre du Roi, à M. l'intendant de la liste civile, pour la commission. C'est à ce conseil à prononcer.

La lettre de M. le Baron de la Bouillerie, adressée, le 14 mars 1829, au syndic de la faillite Pitou, est la réponse à la demande faite à M. l'intendant-général de la maison du Roi, dans le but d'obtenir la remise des pièces et la connaissance du prononcé de la commission des dettes royales.

Par sa lettre du 14 mars, M. l'intendant-général de la maison du Roi, promet au syndic de lui donner connaisance de la décision de la commision, aussitôt qu'elle aura terminé son travail; cette promesse écrite confirme ce que M. le secrétaire de cette commission avait annoncé, le 20 novembre 1828, à ce même syndic, ajoutant que l'affaire de M. Pitou avait été décidée une des premières, *et qu'on ne pouvait pas se dispenser de le reconnaître créancier, mais qu'il n'obtiendrait pas tout ce qu'il demandait.* Ces aveux concordant avec les titres produits, sont en tête des délibérations des 9 novembre 1828 et 8 février 1829.

N°. 31.—Idem, deux lettres du même, M. le Baron de la Bouillerie, des 23 mai et 26 juin 1829.

Note explicative.

Ces deux lettres, du 23 mai et 26 juin 1829, de M. le Baron de la Bouillerie, sont les réponses contradictoires à la promesse faite par le même intendant de la maison du Roi, sous la date du 14 mars précédent, de donner connaissance de la décision de la commission et remettre les dossiers.

Le 15 mai 1829, les syndics ayant lu dans tous les journaux, l'annonce insérée par ordre du président de la commission, de la fin des travaux de la dite commission, rappellent à M. le Baron de la Bouillerie ses promesses consignées dans sa lettre du 14 mars:

Par sa réponse du 25 mai, M. l'intendant général écrit que la commission, par des motifs secrets approuvés par le Roi et par M. l'intendant général de la maison de Sa Majesté, désire que ses décisions soient ignorées jusqu'à nouvel ordre. La demande de la remise des pièces, est également mise à l'écart jusqu'à nouvel ordre.

Le 25 mai suivant 1839, les syndics répètent leur lettre du 15; ils insistent pour obtenir le dossier dont *ils ont besoin pour donner suite à leur instance*; on persiste par écrit dans le même refus, et l'huissier qui signifie le jugement du 26 octobre 1828, est chargé de prévenir les syndics, que *s'ils vont plus loin, la pension de M. Pitou sera rayée.*

Le vérificateur du domaine ayant confondu les titres et les dates, cette note les rétablit dans leur ordre.

N° 32. — D'une lettre de M. Cailleau, l'un des syndics de la faillite Pitou, adressée le 25 mai 1829, je viens d'en donner l'extrait.

Idem, suite du numéro 32. — Copie d'une autre lettre du ministre des finances, (M. Lafitte), du 18 décembre 1830.

Note explicative.

Par cette lettre du 18 décembre 1830, M. le ministre des finances prévient M. Pitou et son syndic, que la Chambre ayant ordonné que la décision de la commission des dettes royales, qui les concerne, leur soit officiellement communiquées, Son Excellence les renvoie à cet effet, à M. Delaitre, administrateur provisoire de la couronne, auquel Son Excellence enjoint de faire droit.

N° 33. — Une lettre de M. le baron Delaitre, administrateur provisoire de l'ancienne dotation de la couronne, du 19 mars 1831.

Note explicative.

Le ministre des finances, président du conseil, écrit à son préposé de faire droit à une décision législative. Au bout de trois mois, le préposé répond de son chef à son supérieur et à la Chambre : « L'af-

« faire ne me regarde pas; adressez-vous aux nou-
« veaux commissaires de l'ancienne liste civile. »

Suite du numéro 33. — « Et d'une lettre de Mon-
« sieur de Schonen, commissaire de l'ancienne liste
« civile, du 18 avril 1833. »

Note explicative.

Du 19 mars 1831 au 18 avril 1833, il s'est écoulé vingt-cinq mois; le mandataire et son syndic n'ont point suspendu leurs instances administratives; le Roi, les ministres et les deux Chambres ont reçu et enregistré leurs titres, comme on le voit dans le numéro premier de cet état de pièces.

Cette lettre du 18 avril 1833, de M. le baron de Schonen, commissaire de la liste civile, confirme ce paragraphe très-remarquable du placet remis au Roi, et daté du 27 avril 1833.

« Sire, cette lettre du 18 avril est l'aveu formel
« que celle du 13 juin 1831, du même auteur, ainsi
« que la prétendue délibération posthume de la
« commission des dettes royales, présidée par le
« comte Daru, contiennent plus de faux que de
« mots. »

« Nous savons gré à M. le baron, de rendre ainsi
« témoignage à la vérité, en présence du monarque,
« et de dire franchement à Sa Majesté : Sire, vous
« le savez, nous sommes aux expédients et nous
« faisons ressource. » (Voir pièce première, *placet à Sa Majesté.*)

Le vérificateur du domaine a eu toutes les autres pièces indiquées dans *ces notes explicatives;* il les a rendues

rendues après les avoir lues, pour se dispenser d'en prendre note.

Nota. — « *A l'exception de la lettre de M. le baron « de la Bouillerie, du 26 juillet 1828, toutes ces pièces « ne sont que des copies certifiées par M. Pitou, sauf « quelques-unes qui l'ont été par M. Cailleau, l'un des « syndics de la faillite.* »

« *Il est de plus observé en ce qui est des numéros « 30, 31, 32 et 33, que les lettres originales ont été « représentées au soussigné vérificateur.* »

Signé : BONNARD.

POUR COPIE CONFORME,

Le Directeur de l'enregistrement et des domaines,

Signé : D'HOCHEREAU.

Paris, ce 20 janvier 1834.

L.-A. PITOU.

Mandataire créancier de l'état et du Roi, rue de Chabannais, n° 14.

COMMISSION DE L'ANCIENNE LISTE CIVILE.

CONTENTIEUX ET DOMAINES.

Paris, le 13 juin 1831.

Vous nous demandez, Monsieur, une copie de la délibération, en ce qui concerne le sieur Pitou, de la commission instituée par ordonnance du Roi, du 2 août 1828.

Cette commission avait été crée pour examiner les réclamations d'anciennes créances sur Charles x et sa famille, créances qui ne pouvaient en aucun cas, être à la charge de la liste civile, et qui n'auraient pu être payées qu'au moyen d'un crédit extraordinaire accordé par les Chambres comme cela avait déjà eu lieu en 1814. Ses résolutions n'ont et ne peuvent avoir le caractère de jugemens; ce sont de simples avis donnés dans l'intérieur de l'administration, et dont aucune des parties réclamantes ne saurait dès-lors être fondée à exiger communication. Cependant, comme nous avons, quoique dans des circonstances particulières, délivré la copie d'un de ces avis, nous avons pris le parti, après un nouvel examen, d'accéder au vœu des personnes qui sollicitent la même faveur. Nous vous transmettons, en conséquence, une copie de la délibération qui vous intéresse.

Recevez, Monsieur, l'assurance de nos sentimens distingués.

L'un des commissaires de la liste civile,

DUVERGIER DE HAURANNE.

Pour copie conforme,

CAILLEAU, syndic.

A M. Cailleau, avocat à la cour royale de Paris, rue Massillon, n° 2, à Paris.

DÉLIBÉRATION DU 8 FÉVRIER 1829.

Pièce reconnue fausse devant le mandataire, devant les Chambres législatives et devant le Roi, par les commissaires du gouvernement, qui la présentent à L.-A. Pitou.

La commission instituée par ordonnance royale du 2 août 1828,

Vu les mémoires, lettres, pétition, factures, brochures, remises et publiées depuis 1816 jusqu'en 1828, par le sieur Pitou, et dans lesquels il a réclamé d'abord 260,000 francs, et plus tard, 1,372,250 fr., qu'il prétend lui être dus par le ministère de la maison du Roi, pour avances faites, et pertes essuyées par lui, depuis 1790 jusqu'en 1797, comme agent du roi Louis XVI, en vertu d'un mandat spécial qu'il en aurait reçu, avances et mandat qu'il annonce avoir été reconnus par le ministère;

Vu les réponses émanées du ministère,

Vu toutes les pièces jointes au dossier de cette affaire;

Considérant : 1° Que le sieur Pitou ne rapporte aucune pièce de laquelle puisse résulter un simple commencement de preuve, soit du mandat qu'il prétend avoir reçu du roi Louis XVI, soit des dépenses qu'il a faites et qu'il réclame, soit enfin de la reconnaissance de sa prétendue mission et dettes qu'il réclame;

Considérant : 2° que la pension de 1500 francs qui lui a été accordée, ne peut être considérée comme constituant la reconnaissance de la dette qu'il réclame;

Est d'avis que la demande du sieur Pitou doit être rejetée.

Fait en commission, le 8 février 1829.

Pour copie conforme, CAILLEAU, syndic

M. Cailleau a remis à M. Pitou, l'original de cette lettre du 13 juin, et celui de la copie de la délibération du 8 février 1829. C'est sur ces deux titres que nous imprimons.

La copie de la *délibération* du 8 février 1829, est en blanc. Messieurs les nouveaux commissaires ont omis de mettre ce type de l'authenticité, pour *copie conforme, signés à l'original,* etc..... Est-ce un scrupule..., un remords de conscience..? C'est en regard de *la pièce judiciaire* enregistrée par le fisc, *n°* 22 *de son rapport* du 20 novembre 1833, et imprimé en 1838, pièce numéro 2, *à la suite du mandat,* que M. le baron de Schonen, tout confus, nous dit en 1831... *Notre pièce est fausse et la vôtre est vraie.*

Paris, le 16 *août* 1831.

A Messieurs les commissaires de l'ancienne liste civile; à eux, même réclamation importante.

Messieurs,

Je n'ai reçu que le 20 juin dernier, la copie de l'une des délibérations, en ce qui me concerne, de la commission des dettes royales, instituée par ordonnance du Roi, du 2 août 1828.

De suite, j'ai rassemblé mes pièces, et j'ai eu l'honneur de vous adresser un résumé de mon dossier, contradictoire à cette dernière délibération entachée de faux matériels et de soustractions de pièces.

Messieurs, je dois prouver une inculpation aussi grave : la pièce suivante est ma première justification. Niez ou contestez, et je prouverai par faits et articles.

Je ne sais, Messieurs, si les trois considérans de votre lettre du 13 juin, sont votre ouvrage ou celui de la haute administration de Charles x.

Il est exact qu'une commission des dettes royales, fut nommée en 1828 pour examiner *les réclamations d'anciennes créances sur Charles et sa famille*, depuis la révolution de 1789 et pendant l'émigration.

Messieurs, voilà comme la question a été posée par la commission, dans l'intérêt de l'état et du Prince régnant à cette époque : j'en sais quelque chose; mon dossier secret, composé de douze pièces, et le texte de ma pétition, vous prouveront que je ne suis point étranger aux travaux libres et réguliers de cette commission.

Les dettes de *Charles* x *et de sa famille*, présentent une amphibologie toute favorable à l'intrigue et à l'émigration.

Louis xvi et Louis xviii sont les types de la famille de Charles x; toute la fortune de cette famille provient de Louis xvi directement. Les créanciers légitimes de Louis xvi, depuis la révolution, loin d'être exclus par l'ordonnance du 2 août, doivent avoir la priorité sur tous les autres.

La convention, le directoire et l'Empire se sont fait honneur de les payer, dit-on. Ainsi, il n'est rien dû par les gouvernemens subséquens, car les créanciers non liquidés ont encouru la déchéance en ne se présentant pas ; passons condamnation pour ceux-là, ils n'ont plus de recours qu'à la bienveillance.

Mais un mandataire secret qui a reçu directement

de Louis XVI, en 1790, mandat sepécial et secret, de défendre la légitimité contre l'anarchie, le désordre et la république mal conçue et mal gouvernée ; pouvait-il se présenter à la convention, au directoire et aux consuls, et leur dire : Messieurs, comme je préfère mon intérêt à ma conscience et à ma sureté, j'ai reçu un mandat secret et spécial de Louis XVI, pour sacrifier à ce prince et à l'état, en premier ordre, ma fortune et ma vie ; pour combattre l'anarchie, étouffer la guerre civile, et relever le trône sans démembrer la France, au risque d'obtenir un gouvernement opposé au vôtre, et même pour l'ordre nécessaire à la France, votre assentiment à la monarchie légitime, et peut-être, en cas de refus, votre translation hors de cette France que vous avez bouleversée. Aujourd'hui, renonçant à mon rôle honorable, pour obtenir mon salaire, veuillez, Messieurs, me payer et m'enrôler sous vos bannières ; si on ne m'avait pas guillotiné, on m'aurait mis à Charenton, pour avoir réclamé dans cette forme technique. Ma créance est donc aussi légitime qu'elle est honorable ; c'est une dette d'honneur et de conscience pour l'état et pour la famille de Charles X ; je suis dans cette série, et comme elle est très-peu nombreuse, si on n'eût demandé des fonds législatifs que pour cette espèce de créanciers, les Chambres les eûssent accordés sans difficulté.

Les créanciers particuliers de Charles X et de sa famille, contractant en terre étrangère des dettes politiques contre la France, ont prétendu que l'avénement au trône des deux frères de Louis XVI, royalisait leurs engagemens; c'est une erreur volontaire. Quoiqu'il en soit, ils ont été payés en totalité ou en partie, et nous ne le sommes pas, parce que nous avons préféré l'honneur et l'indigence à la révélation des secrets de l'état, qui pouvaient ramener une révolution; celle du 29 juillet maintient-elle ces actes de l'absolutisme précédent?

En confondant nos droits avec les titres furtifs des créanciers étrangers, on priverait les uns et les autres de fonds législatifs. Sous Charles x, cette fusion fut faite à dessein, pour ne payer que les protégés de cour. Si, *malgré que la Charte et les lois soient une vérité*, on maintenait aujourd'hui la même confusion, Messieurs les nouveaux commissaires de l'ancienne liste civile nous renverraient à la Chambre, et par une mesure concertée entre les pouvoirs, la Chambre, pour s'affranchir des dettes de l'état, nous renverrait à la fortune de Charles x et de sa famille.

Cette conséquence et ce renvoi sont opposés aux intérêts du trésor; car pour empêcher Charles x et sa famille de conspirer, la prudence, d'accord avec la justice, dit au domaine et à l'état: payez les mandataires, créanciers monarchiques de Louis xvi, qui n'ont servi que le trône et jamais la personne des Princes émigrés, à qui ils ont été utiles, non comme émigrés, mais pour revenir au trône en abjurant l'émigration. La dette de ces deux Rois étant devenue monarchique et personnelle, payez les premiers créanciers du Roi, aujourd'hui prince déchu, et vous êtes substitués de droit aux autres créanciers particuliers et étrangers.

« Les résolutions de la commission ne peuvent « avoir le caractère de jugement qu'envers ceux qui « s'engagent comme j'ai fait dans ma pétition du 13 « mars 1831. »

En mon nom comme en celui des créanciers, j'ai écrit et signé.

« Nous adoptons le prononcé de la commission « comme un jugement irrévocable ; nous nous y « soumettons sans replique , et nous demandons à « le connaître. »

Messieurs, je n'ai jamais rétracté ni ma parole, ni ma signature; je me soumets à la décision de la commission, mais je veux la connaître, et vous ne m'avez adressé qu'un faux matériel et une soustraction de pièces.

L'une de mes sûretés est dans la pièce ci-jointe.

Cette garantie, jointe à d'autres, vous prouvera, Messieurs, que je n'abandonne pas au hasard, mon honneur et la rétribution qui m'est due.

Ces simples avis, donnés dans l'intérieur de l'administration, d'après l'engagement que j'ai pris dans ma pétition, devenaient un arrêt contre moi, si le 29 juillet eût été favorable à Charles x.

La personne qui m'a communiqué la pièce que vous allez lire, m'avait mis en garde contre les tentatives de l'absolutisme et *contre la faveur que vous m'accordez,* de me faire connaître *un refus positif par un dernier avis donné après coup.*

A la place de l'une des premières délibérations positives de la commission, l'un de Messieurs les nouveaux commissaires de l'ancienne liste civile me fit cette réponse aux observations que je lui adressais sur la délibération du 8 février 1829 : *Hé bien, Monsieur, quand la commission aurait prononcé en votre faveur, nous ne vous paierions pas.* Cette proposition est fausse et vraie.

Si la commission, composée de toutes les sommités de l'état, libre dans ses opinions comme dans ses opérations, donne au monarque un avis médité dans l'intérêt de l'état et du Prince, le monarque, digne du sceptre, confirmera cet avis, et la justice légale et la conscience publique le ratifieront. J'adopte la première délibération de la commission. C'est un jugement sans appel sous Charles X comme sous Louis-Philippe.

Si la commission, tyrannisée par la cour, ne peut pas réclamer les pièces qu'on lui enlève; si, pour lui faire commettre un faux, on dépouille les dossiers, et qu'on lui défende de se souvenir de ce qu'elle a fait précédemment pour lui faire signer l'opposé de ce qu'elle a vu; elle signe matériellement d'après ce qu'on lui présente, mais elle proteste par la pièce suivante, contre ce qu'elle a signé, et contre la liquidation pour les uns, au préjudice des autres.

Messieurs, s'il existe deux délibérations sur ma demande, depuis le 12 décembre 1830, que M. le ministre des finances vous a renvoyé ma pétition, c'est une fatalité pour moi, que vous ne soyez tombés *par faveur*, le 13 juin 1831, que sur la délibération du 8 février 1829, au lieu de m'adresser en même temps, celle du mois de novembre 1828.

Certaines personnes prétendent que la commission avait terminé son travail à la fin de janvier 1829; pour mon compte, je suis assuré que la véritable délibération qui me concerne, a été prise l'une des premières.

Je suis avec respect,

Messieurs,

Votre très-humble serviteur.

L.-A. PITOU.

Ce 16 août 1831.

Remise faite à monsieur de Schonen, commissaire de l'ancienne liste civile.

Pièce confidentielle d'un membre de la commission des dettes royales, communiquée sur la réclamation et le dossier du sieur Pitou.

Paris, novembre 1828.

La première demande de 260,000 francs, faite par le sieur Pitou en 1817, sans stipulation d'interêt, consentie par le ministère dont la liquidation a été ordonnée par trois fois, et non effectuée malgré les instances du titulaire, rètablit ce dernier dans tous ses droits.

Au moment de la transaction, le sieur Pitou a déclaré qu'il ne demandait pas le dixième de sa créance.

En 1825, le nouveau compte de 545,750 francs, présenté par le même créancier, le 9 juin 1825, et confirmé par la reconnaissance positive du mandat, remise au titulaire, le 13 juillet suivant; le manque de possession de cette cédule, représentée par les pièces du créancier, ayant servi de prétexte à l'inexécution du premier contrat, passé avec lui en 1817; les deux demandes étant concordantes, réunies et présentées par le créancier, à son désavantage; attendu que le susdit demandeur, passible d'une faillite inscrite sous son nom et qui n'est pas de son fait, abandonne des capitaux et des intérêts considérables; la susdite demande paraît à la commission, légitime, fondée et admissible.

L'inexécution non motivée de ces deux contrats authentiquement ratifiés, a rétabli le sieur Pitou dans le droit de présenter à ses créanciers commerciaux et diplomatiques, qui, en 1828, l'appellent devant les tribunaux, le tableau réel de son *doit* et de son *avoir*.

Quoique ce troisième tableau soit appuyé de pièces justificatives, vu d'un côté l'importance des répétitions du sieur Pitou, et de l'autre, le rapport secret et confirmatif des titres, par le juge commissaire du tribunal de commerce de la Seine, et le prononcé du jugement également confirmatif, *qui arrête que le ministre doit faire compte avec le sieur Pitou*; La commission est d'avis que le premier et le second engagement, réunis dans le tableau présenté au ministère du Roi, le 9 juin 1825, et ratifié par lui, le 13 juillet suivant, doit être admis, pour ledit compte après liquidation faite, être présenté en déduction du tableau général des créances, sur lequel le tribunal de commerce de la Seine a prononcé, le 26 septembre 1828, *que le susdit compte doit être débattu entre le créancier et le ministère.*

L'avis que la commission émet sur ces trois comptes, est fondé sur les titres précis, présentés par le sieur Pitou, discutés, résumés, confirmés par le ministère *du Roi, dans l'examen approfondi qu'il a fait du dossier* et des conclusions qu'il a données. Cet avis conforme en tout point à l'examen secret du juge commissaire, et au prononcé conforme du tribunal, du 26 septembre 1828, acquiert, aux yeux de la commission, un nouveau degré de certitude.

La pension motivée par la créance, et la créance motivée par la pension, méritent un examen approfondi.

La remise est faite au sieur Pitou, de deux brevets de pension à deux époques différentes, et par des motifs directement opposés.

Le premier brevet de 600 francs est daté du 30 novembre 1815, registre premier, numéro 759.

Le second, daté du 18 février 1819, registre premier, numéro 2179, n'a été adressé au sieur Pitou, que le 14 juillet suivant.

Par le premier brevet, Louis XVIII témoigne au sieur Pitou, le souvenir qu'il a de ses services; Sa Majesté l'invite à les produire, ce que fait celui-ci; mais la première commission des dettes royales ayant terminé ses travaux, la demande revient au ministre du Roi et au conseil d'état.

La discussion se termine par une transaction qui fait le sujet de la première demande, montant à 260,000 francs, avec les réserves indiquées.

Le ministère, par une convention faite entre lui et le sieur Pitou, convention garantie par M. le duc Davaray, que les deux contractans ont choisi pour arbitre, délivre au sieur Pitou, pour arrhes et garantie de ce contrat, un bon annuel de quinze cents francs sans retenue, et non compris la pension qui lors, n'était que de six cents francs.

Le bon de quinze cents francs, payé par douzièmes, sera renouvelé chaque année jusqu'au premier paiement, par tiers de la somme de 260,000, lequel doit avoir lieu à la fin de 1822; la liquidation des arrhes s'effectue jusqu'en 1820.

Mais au commencement de 1819, le ministère annonce au sieur Pitou, une novation de titres pour l'année suivante; sa pension de 600 francs sera portée à 1500 francs, et le bon annuel de garantie n'aura plus lieu. Le ministère qui tient le titre à sa disposition, s'évite, par cette déclaration, le reproche de vol et de surprise. A la fin de l'année 1819, le sieur Pitou, venant toucher son dernier dividende, remet son bon annuel, n'en reçoit point de nouveau; la novation opérée paraît l'effet d'un consentement mutuel; au premier janvier 1820, le premier brevet de 600 francs, fondu dans le second de 1500 francs, est également retiré; par ce moyen, la novation sera complète, et le paiement des 260,000 francs, restera nul ou facultatif pour le débiteur.

Dans tout le cours de l'année 1819, le sieur Pitou réclame en vain; le ministère garde le silence, et de son côté opère la novation, en adressant pour toute réponse au sieur Pitou, le 14 juillet 1819, le brevet de 1500 francs, daté du 18 février 1819.

Jusqu'à ce jour, les co-mandataires et les témoins que présentait le sieur Pitou, ayant été écartés par différens moyens, on lui disait : « Vous n'aviez point « de mandat, car personne n'a vu vos titres; atta- « quez-nous si vous voulez en justice, il faut un « titre positif; forcez le Roi de vous le donner, ou « taisez-vous; acceptez votre brevet de 1500 francs, « et confiez-vous à notre bienveillance. Notre tran- « saction de 1817 est conditionnelle à la preuve de « votre mandat reconnu par le Roi; ne l'ayant pas « obtenue, cet engagement est annulé. »

Le témoignage du greffier du juge de paix, qui avait mis le scellé chez le sieur Pitou, à l'occasion de sa faillite, certifiait en vain qu'il avait un mandat du Roi; les actes des tribunaux révolutionnaires et criminels, ainsi que le témoignage précis de Buonaparte, en faveur du sieur Pitou, de son mandat et de l'exécution qu'il lui avait donnée, étaient déclarés de nulle valeur; on allait jusqu'à dire que le Roi s'opposait à la délivrance du titre que réclamait le sieur Pitou.

Un de ces mandataires du roi Louis XVI et des Princes, qu'on croyait mort, que le Roi ne peut renier, qui connaît toutes les opérations de l'intérieur, de l'extérieur et de la Vendée ; qui a été auteur et victime éclatante dans les plus grandes catastrophes des années 1790, 1791 et jusqu'à 1804 ; Pierre Molette, célèbre dans les annales de Paris, de Versailles et de la France entière, co-mandataire du sieur Pitou, a vu le mandat qu'on nie; Molette en rend témoignage à Louis XVIII et à son ministère; on veut contester les titres de celui-ci, comme ceux du sieur Pitou ; les deux mandataires se rallient, livrent à l'impression, à l'époque du 13 février 1820, leurs travaux communs. Toutes les autorités certifient en faveur de Pierre Molette, et celui-ci, en faveur du sieur Pitou.

En 1820, le sieur Pitou a gardé ses titres, n'a rien voulu recevoir, a signifié au ministère qu'il va dévoiler la mauvaise foi de la liste civile, envers Molette et envers lui; ces manœuvres sont imprimées et forment le premier volume des mémoires *Toute la vérité au Roi.*

« Alors, Louis XVIII ordonne au sieur Pitou, de « toucher provisoirement son nouveau brevet de « pension de 1500 francs, en attendant que des « circonstances plus heureuses permettent à Sa Ma- « jesté, de donner à son créancier de nouvelles « preuves de sa bienveillance. »

(La commission copie et analyse ici l'examen du

dossier Pitou, le travail du ministère, les actes des tribunaux, les mémoires authentiques et légaux des sieurs Pitou et Molette, ainsi que les réponses très-remarquables que Louis XVIII, sous le nom du ministre et du secrétaire général de sa maison, fait lui-même à l'auteur de *Toute la vérité au Roi*, *tome* 2 *de cet ouvrage.*)

Ainsi, le second brevet de pension du sieur Pitou est un titre de créance et non de faveur. La haute administration de la liste civile est convaincue, par le témoignage que le sieur Molette, réuni à d'autres co-mandataires, rend à la réalité du mandat du sieur Pitou, que désormais toute négation est devenue impossible en présence de la justice légale.

Au commencement de l'année 1823, époque du premier paiement de la transaction de 1817, un des agents de la haute administration de la liste civile, vient offrir au sieur Pitou, soixante mille francs et mille écus de pension, pour un reçu en blanc et l'abandon de toutes ses prétentions; cette offre, plus qu'indiscrète, est particulièrement notée et blâmée dans le rapport du ministère du Roi, *examen du dossier Pitou fait en* 1825. La censure de cette offre est également faite par le tribunal.

En 1824, S. M. Charles X, en arrivant au trône, se popularise et veut contenter tout le monde : monsieur Pitou réclame vivement, le roi ordonne la révision et l'examen du dossier ; les comptes sont admis par la reconnaissance du mandat, signée le 13 juillet 2825 ; les titres de la créances et ceux de la pension sont positifs, car le monarque et le ministre les classent spécialement dans le domaine de l'état.

Ce titre positif ayant été délivré contre l'avis de la

haute administration de la cour, le ministre qui l'avait signé fut forcé de l'annuler autant que possible, par un nouveau titre daté du 17 décembre 1825; mais un troisième titre du même ministre, daté du 4 avril 1826, rendit toute négation impossible.

Pour nier ce titre irrécusable, il fallait persuader au Roi, que le Molette, si célèbre dans les mémoires et dans l'examen du dossier Pitou, était un être créé par deux imposteurs, sous le nom d'un Molette, martyr du trône, qui, disait-on, avait péri à Versailles le 9 septembre 1792, sous les yeux d'un vieux serviteur des Princes, septembrisé lui-même à cette époque. Le 12 septembre 1826, la haute administration de la liste civile fait arriver ce colonel au Roi, pour démentir les sieurs Pitou et Molette; ce militaire rend compte à Charles x, des malheurs et des dangers qu'il courut alors, et se résume en disant *qu'il était le seul survivant à cette catastrophe.*

Le 18 octobre 1826, Molette, appuyé du témoignage des autorités de sa commune de Bellenave, département de l'Allier, força le journal de la cour, (*la Quotidienne*), de rétracter son assertion et de constater l'existence dudit Molette, échappé aux massacres de Versailles en 1792, et sauvé aussi miraculeusement que le colonel, auteur du récit de *la Quotidienne;* lequel colonel prête à cette époque à Molette, un assignat de cinquante francs pour exister.

Comme les journaux de la cour s'impriment de deux manières différentes pour le Roi et pour le public, et qu'on a même, dans le palais du Roi, le funeste secret de faire dire et imprimer tout ce que l'on veut sous le nom et sous le titre de l'opposition, Charles x

Charles x n'a connu la réponse de Molette, que par un membre de la commission, qui a fait lire à Sa Majesté, et le numéro de *la Quotidienne* pour le public, du 12 septembre 1826, et le *Journal de l'Allier*, du 25 octobre 1826, remarquable par ce texte.

« Cette catastrophe du 9 septembre 1792, n'est « que le prélude de ce que j'ai fait et souffert pour « la monarchie et pour la maison de Bourbon. »

« Mon existence est suffisamment, et depuis long- « temps rendue notoire par les réclamations de « M. L.-A. Pitou, de Paris, associé à mes malheurs « et à mes services pour les Bourbons ; mais il paraît « que nos ennemis ont un grand intérêt à me faire « passer pour mort, pendant que je suis encore « plein de vie. Prétendraient-ils être mes héritiers ? « Jusqu'à ce jour ils n'en seraient pas plus riches, « car je n'ai reçu que la pension de 400 francs, « que Sa Majesté Louis XVIII m'a donnée provisoi- « rement, et à compte sur ce qui m'est dû, (le pre- « mier octobre 1823), après l'envoi des pièces « secrètes que je fis à Sa Majesté et à M. le président « du conseil des ministres... »

M. Pitou, à l'occasion des quatre cents francs de pension de Molette, assure que le Roi, vivement ému des révélations que fit celui-ci, lui assigna *quatre mille francs* dont les hauts fonctionnaires de la liste civile rayèrent un zéro ; il cite plusieurs autres pensionnaires de l'intérieur, fixés par le Roi à *deux mille, à quatre mille, à six mille, à quinze mille francs*, réduits proportionnellement au même taux que le sieur Molette, par les artistes de la haute administration de la liste civile.

Les auteurs de l'article de *la Quotidienne* se firent

écrire par des affidés de la commune du sieur Molette, que celui-ci avait été réellement aux galères en 1804, mais pour avoir crocheté des serrures et volé des montres, et non point pour l'émission d'un milliard de billets de la banque de France, contrefaits en 1801 et 1802, par ordre des Princes français en Angleterre.

Molette répondit au Roi et à M. le garde des sceaux, en leur adressant la copie de son jugement, *il demanda à être réhabilité*. Ce gouvernement reste interdit, car il faut que le chef de l'état soit condamné, ou qu'il prenne la place de son mandataire, sans que celui-ci puisse être justifié.

(Le dossier secret des douzes pièces, daté du 24 août 1828, a spécialement fixé l'attention de la commission, en distinguant la nature des mandats, des créances et des obligations; il spécifie clairement les devoirs du mandant envers le mandataire, et la terrible réciprocité de ce dernier.)

L'article du *Journal de l'Allier* fixa l'attention de tout le département, sur les Bourbons et sur les sieurs Molette et Pitou. Le préfet et le sous-préfet de Moulins et de Gannat, ainsi que le maire de Bellenave, pour étouffer la clameur publique, firent un rapport favorable aux deux mandataires; une voix puissante leur enjoignit alors de se réunir chez le maire de Bellenave, d'y appeler Molette, de lui promettre de le payer pour l'amener à déclarer par écrit: « qu'il est étranger au mandat et aux réclamations « du sieur Pitou; qu'il n'a donné à ce dernier que « des signatures de complaisance. » M. Molette répondit sèchement au préfet, au sous-préfet et au maire: « Qu'il ne faisait point de mensonge, et que

« sur-le-champ, il allait informer le sieur Pitou de « ce qu'on venait de lui proposer. » Ce qu'il fit en effet.

M. Pitou lui répondit sur-le-champ, en l'invitant de rédiger le tout, et d'y joindre une consultation des premiers jurisconsultes de Riom et de Clermont. Le président de la cour royale de ce département, ainsi que le procureur-général, prirent des mesures auprès des avocats, pour qu'aucun d'eux ne consentît à donner une consultation écrite.

(Cet extrait du dossier secret, manuscrit adressé à la commission par ordre du juge commissaire, a été annoté avec soin.)

Toutes ces tentatives dirigées contre le mandat, la créance et la pension, ont convaincu la commission, que la pension acceptée forcément et garantie par le Roi, comme gage de la créance, garantissait les services et la pension.

La commission, considérant que le titre du mandat contesté jusqu'en 1825, reconnu et non encore exécuté, a forcé le sieur Pitou en 1828, de présenter son compte général à la justice, que, dans ce compte, il déclare avoir reçu en 1790 un mandat rétribué à raison de six mille francs par an, dont il n'a été payé que jusqu'au premier août 1792; qu'il fallait faire admettre le titre avant de parler des émolumens; que s'étant vu maître absolu et forcé d'emprunter des sommes considérables dont il est prouvé par son indigence, sa moralité et ses principes, il n'a jamais détourné un sol, ce qu'il eût fait si son mandat n'eût pas été rétribué; ses services étant monarchiques, militaires et civils, aux termes de son mandat qui l'autorise *à solliciter le remboursement de ses avances, et des dettes qu'il aurait contractées*, ainsi que la récompense de ses services. la commission est d'avis que le taux de la pension doit être fixé d'après les émolumens de son mandat et ses années de service, comptés depuis l'année 1790, jusqu'au moment où il aura été mis en demeure de payer la faillite inscrite sous son nom, et qui n'est pas de son fait.

Quant aux récompenses honorifiques qui furent promises au sieur Pitou, par Leurs Majestés Louis XVI et Marie Antoinette, Louis XVIII, en gratifiant ce mandataire du médailler de son règne, a paru croire que ce monument historique compensait les promesses de Louis XVI, et devait satisfaire le sieur Pitou. La commission n'a point d'avis à donner sur ce troisième article, mais il semble que l'intention du monarque doit satisfaire le réclamant.

CONTRAT SYNALLAGMATIQUE.

***ARRÊTÉ** définitif et sans réserves du compte de* LOUIS-ANGE **PITOU**, *fourni à M. le président de la commission des dettes royales*,

ADOPTÉ ET FORMULÉ

PAR MONSIEUR LE COMTE **DARU**.

Le comte Daru, président de la commission des dettes royales, créée par l'ordonnance du 2 août mil huit cent vingt-huit,

Autorisé par le gouvernement et par le chef de l'état; après avoir examiné en commission et en avoir conféré particulièrement avec Sa Majesté; après avoir, à plusieurs reprises, seul, par lui-même et ensuite avec le titulaire, le sieur Louis-Ange Pitou, relu, classé et comparé tous les titres de son dossier; ayant constaté que le susdit est officiellement reconnu depuis le 13 juillet 1825 et 4 avril 1826, mandataire créancier de l'état et du Roi, en vertu d'un mandat direct, spécial et secret, à lui remis en 1790 par leurs Majestés Louis XVI et Marie-Antoinette, titre reconnu et ratifié de nouveau en 1825 et 1826;

Attendu qu'en cette qualité justifiée, les comptes que le mandataire a présentés jusqu'à ce jour, 15 novembre 1828, étant précis, mais toujours accompagnés de réserves fondées, mais infinies par la latitude du mandat, rendent ces comptes provisoires en en motivant la non-liquidation, ainsi que les réclamations et les plaintes de ce créancier légitime.

Le président de la commission, après avoir donné au sieur Pitou toute la liberté de s'expliquer, de fixer définitivement et sans réserves, d'après sa conscience et le devoir de son mandat religieusement observé par lui, la quotité des sommes fournies par lui, de ses deniers, et celles empruntées de ses co-mandataires ou autres, pour l'exécution de son mandat;

Attendu que le gouvernement, par les titres remis le 13 juillet 1825 et 4 avril 1826 au sieur Pitou, ne reconnaît que lui seul de mandataire et de créancier; que les autres obligations commerciales et diplomatiques tenant à cette affaire, sont à la charge du susdit mandataire direct et légitime;

Attendu, cependant, qu'il est prouvé par des actes judiciaires mis sous nos yeux, qu'en 1825, le gouvernement, par l'organe du ministre secrétaire d'état, ministre de la maison du Roi, a offert verbalement au mandataire de prendre sa place et de payer pour lui; que le 15 mars et 26 juillet 1828, la même offre (non réalisée) a été reconnue verbalement et par écrit devant les organes de la justice, tant par le ministère que par M. le baron de la Bouillerie, intendant-général de la maison du Roi; que, par cette délibération, le failli se trouve déchargé de cette faillite commerciale; que, par cette déclaration, la liste civile se trouve engagée de fait, conjointement avec le mandataire, pour l'acquit de cette faillite et pour la réhabilitation du sieur Pitou;

Par ces motifs réunis à d'autres aussi puissants, nous sommes spécialement autorisé à arrêter et régler définitivement avec le sieur Pitou, sa créance, sa pension et les termes de paiemens; à préciser les débiteurs et les caisses qui doivent s'ouvrir pour ce créancier.

Le sieur Pitou à qui nous avons indiqué des abandons sans lui rien préciser à cet égard, a dépassé notre attente, en nous faisant toucher au doigt la concordance de ses comptes, et en nous prouvant qu'il avait prévenu nos vœux par son dernier arrêté de compte du 24 août 1828.

Suivons-le;

En 1817, M. Pitou adresse au Roi une demande de remboursement de 260,000 fr. Ce remboursement était l'obligation personnelle du Prince et de sa famille; elle était profitable à l'état, puisqu'elle eût évité d'autres répétitions très-légitimes.

Cette dette garantie par Louis XVI devait être payée une des premières par ceux qui rentraient dans la succession de l'homme et du Roi.

M. Pitou a fait des réserves pour ses créanciers commerciaux et diplomatiques.

Cette somme n'est qu'une partie de celles que le mandataire a gagnées ; ses mandants, par leur nom et leur influence, ayant contribué à cette fortune acquise par le mandataire, au prix de son travail et de son sang; par reconnaissance et par religion pour son mandat, *qui lui enjoint de ménager les intérêts de l'état et du Roi plus que les siens*, M. Pitou n'a point demandé d'intérêts, et son mandat porte qu'ils lui sont dus.

Si la transaction faite avec lui en 1817 n'eût point été violée (malgré le Roi), la faillite commerciale était liquidée, et M. Pitou partageait le reste de la somme avec les créanciers diplomatiques qui, pour n'être pas venus appuyer leur co-mandataire, étaient déchus de fait et forcés de recevoir ce qu'il voulait leur donner.

En 1823 et en 1825, les créanciers s'étant présentés, la première somme de 260,000 fr., portée par le mandataire à 545,750 fr. et à 250,000 fr. en moins de la moitié du capital des avances peronnelles et des emprunts faits par M. Pitou; ses réserves sont légitimes comme la première fois.

En 1828, les créanciers actionnent directement M. Pitou au tribunal de commerce ; alors il est forcé de donner à huis-clos, dans le cabinet du juge-commissaire, le secret de son mandat et de ses opérations révélées dans le dossier secret ; il y joint ses comptes de 1817, 1823, 1825, avec celui de 1828, par *Doit et Avoir*. Ils sont clairs et concordants.

Les comptes *Pitou*, *Molette*, *More-Premillon*, ne sont que la confirmation du *Compte-Pitou*. Ces sommes répétées deux fois sont le reçu du versement donné au dépositaire qui le remet au caissier ; ce double, ce triple compte n'en fait qu'un ; c'est celui du mandataire officiel.

Les sommes en assignats sont des dons volontaires et des abandons que le mandataire officiel fait à l'état et au Roi.

L'emploi de ces fonds fut légitime ; il est justifié ; il est acquis : mais ces bailleurs de fonds n'étant pas venus et ne pouvant pas se présenter ; l'origine de ce papier étant sujette à contestation, la juste direction que le mandataire a donnée à ce gage par l'échange, lui en acquiert la propriété qu'il annule et raye du compte par *Doit* et *Avoir*.

Ainsi la somme de douze millions trois cent soixante quatre mille francs en assignats, ne figure pas dans le compte comme dette ou créance réclamée par le mandataire, mais comme mémoire venant à l'appui de sa comptabilité générale.

Les détails du compte et le tableau de situation de M. Pitou, tracé de 1790 à 1828 en tête du compte, par *Doit* et *Avoir*, page 1re, ne présente qu'un total général de *un million, quatre cent vingt-neuf mille six cents francs.*

Ainsi le mandataire avait fait de lui-même cet abandon, avant qu'il lui fût indiqué.

Son avoir de 1790 à 1828, est de cinq cent dix-neuf mille trois cents francs, ci. . . 519,300 f. ««

Les honoraires de son mandat, fixés à six mille francs par an, non liquidés depuis le premier août

1792, jusqu'à ce jour quinze novembre 1828, période de trente-six ans, est un acquit de deux cent seize mille francs, ci. . . . . 216,000 « «

La pension de 600 francs portée à 1500 francs, étant donnée à titre onéreux, n'est comptée que pour mémoire, le mandataire ne réclamant pas les intérêts de son capital que son mandat lui alloue. . . « « « «

La somme de ses dettes, de ses emprunts détaillés dans son état de situation, est de trois cent quatre-vingt-dix mille francs, ci. . . . 390,000 « «

La faillite qu'il a faite en 1811 figure au rang de ces obligations; cette faillite qui, depuis 18 ans, le prive de son état, de son industrie, étant spécialement reconnue par le ministre de la maison du Roi, comme dette du Roi et du ministère, doit être prise ici en très-grande considération, en mémoire des abandons que M. Pitou fait librement, et des intérêts qu'il a souscrits; il est juste de lui allouer, pour ses dettes et emprunts, vingt ans d'intérêts à cinq pour cent, ce que nous faisons par autorisation, en répétant comme ci-dessus la somme de trois cent quatre-vingt-dix mille francs, ci. . 390,000 « «

Lesquelles sommes réunies donnent un total de un million cinq cent quinze mille trois cents francs, ci. 1,515,300 « «

Sur cette somme totale du compte définitif, daté du quinze novembre 1828, le réglement des cinq cent quarante-cinq mille sept-cent cinquante francs, demandé à M. Pitou par le ministre du Roi, le 9 juin 1825, contrôlé et ratifié par la reconnaissance du mandat le 13 juillet 1825, sera liquidé par le trésor et la liste civile. Les intérêts de ladite somme, à raison de cinq pour cent, courront depuis le 13 juillet 1825.

La somme de deux cent seize mille francs pour le paiement du capital des honoraires, sera également liquidée par le trésor et par la liste civile, le mandat étant uniquement et officiellement reconnu comme titre national, monarchique et royal; les intérêts de ladite somme, fixés par M. Pitou à trois pour cent, ne compteront que du jour de la publication officielle de la fin des travaux de la commission des dettes royales, instituée par ordonnance du deux août 1828. (1)

Le capital des dettes, par les motifs déduits ci-dessus, sera liquidé par le trésor et la liste civile, et sera pris tout en partie sur les réserves de l'indemnité.

L'intérêt desdites sommes porté au capital et stipulé à vingt ans, sera liquidé de même, et par les mêmes caisses, et sur les mêmes fonds.

(1) La commission a fait annoncer la fin de ses travaux, le 29 avril 1829. Le réglement du capital et des intérêts des honoraires, datent de cette époque; mais le mandat enchaînant le mandataire et obligeant le mandant jusqu'à la libération de la faillite, les honoraires échus sont capitalisés et portent intérêts à dater de cette éqoque; mais les capitaux des honoraires échus depuis le réglement de compte, sont dûs jusqu'à la liquidation de la faillite.

L'intérêt de ces deux dernières sommes, fixé à trois pour cent, courra de l'époque de la publication officielle, de la fin des travaux de la commission des dettes royales du 2 août 1828.

Le mandataire n'ayant point stipulé les intérêts de son mandat, rétribué à raison de six mille francs par an, dont les capitaux et intérêts lui sont dûs depuis le premier août 1792, jusqu'à ce jour quinze novembre 1828 ; la pension de 600 francs portée à 1500 francs en 1820, qu'il a reçue malgré lui de la liste civile, n'étant qu'un représentatif incomplet de la rétribution honorable qui lui est acquise pour des services aussi marquans ; le taux en sera ultérieurement fixé d'après les lois sur les pensions et sur les retraites.

Ce réglement définitif et sans réserves, conforme à la délibération de la commission des dettes royales du 9 novembre 1828, remplit librement à la satisfaction des deux parties, le prononcé du tribunal de commerce de la Seine, du 26 septembre dernier, qui dit *que le ministère* (ou le mandant), *doit faire compte avec son créancier* (le mandataire).

Ce compte, tracé dans ladite délibération, est fait de gré à gré entre les parties ; il est fait à bas bruit pour ne point divulguer le secret du mandat, pour faciliter au mandataire les répartitions entre les créanciers commerciaux et diplomatiques.

Cette délibération du 9 novembre 1828, jointe au présent arrêté de compte, est la garantie de sa créance, promise à M. Pitou, par le président de la commission.

Signé à l'original,

L.-A. PITOU,

Comte DARU.

P. S. de l'une des deux pièces.

« Il est loisible au mandataire de prendre sous « nos yeux copie de ces deux titres, non pour « publier, comme il a pu faire en 1826, *l'examen « de son dossier et les autres pièces qui lui avaient été « abandonnées sans condition* : Ici, le secret imposé « par serment à la commission, est celui que le man- « dataire a gardé envers son mandant ; le secret ne « peut être révélé que dans l'hypothèse inadmissible « où les originaux desdites pièces, étant annulés « par les parties intéressées, seraient niés en pré- « sence du président de la commission, qui retient « pour lui le second original. »

Accepté la condition et signé :

L.-A. PITOU,

Comte DARU.

Paris, 15 novembre 1828.

EXTRAIT

DE L'HISTORIQUE DE LA COMMISSION DES DETTES ROYALES,

PAR M. LE COMTE DARU, EN 1828 ET 1829.

(Cet extrait est nécessaire à l'intelligence et à la preuve de la pièce ci-jointe, remise au domaine de l'état, le 16 août 1833.

Et à M. le duc de Bassano, président de la nouvelle commission des dettes royales, le vingt du même mois.

Accusé de réception desdites pièces et précédentes, donné par M. le président, le 24 août 1833.)

Le 6 octobre 1828, Louis-Ange Pitou, recommandé spécialement à M. le président de la commission des dettes royales, (M. le comte Daru), par le rapport secret et diplomatique du juge commissaire de la Seine, et par une lettre pressante d'un ministre, auteur de la fortune du comte Daru, est reçu en qualité justifiée de mandataire de l'état et du Roi; il remet à M. le président la note détaillée d'une affaire majeure, judiciaire, contentieuse, secrète et diplomatique qui, par l'ordonnance du 2 août 1828, est dans les attributions spéciales de cette commission, formant un conseil supérieur composé de toutes les sommités de l'état.

Cette première visite se borne à des civilités, et à la fixation d'une seconde entrevue au 20 octobre suivant.

Ce jour, M. le président fait prêter serment à Pitou, comme mandataire du Roi, de garder un secret inviolable sur le but des travaux de la commission qui lui sera révélé.

M. le président a lu toutes les pièces de M. Pitou; il ne les a pas encore assez étudiées; il remercie le mandataire du Roi, de la communication qu'il lui a faite de son dossier, qui servira de base et de régulateur au travail immense de la commission. Ce précieux document tout seul mérite à Pitou un titre de garantie de sa créance, que M. le président promet au mandataire. Après l'avoir entendu, après avoir complété le travail, et obtenu de Pitou un compte définitif sans réserves, fait en conscience, fait d'après le texte et la latitude du mandat, un compte exprimant les remises, les dons et les abandonnemens possibles.

Pitou, après avoir exposé ses droits, prouvé ses titres, détaillé ses missions, s'arrête et attend la réponse de M. Daru.

« Restons-en là, lui dit le président, vous avez fait vos preuves « et votre résumé; je ferai le mien. Revenez le quinze du mois « prochain, et n'oubliez ni ma promesse, ni les conditions que « j'y attache. »

Pitou revint le 15 novembre.

M. le président résume les titres du dossier, discute le mandat, fait les comptes, reprend la discussion sur le fond de l'affaire et la termine au gré du mandataire, en lui présentant le titre de créance qu'il lui a promis.

Ce titre est la délibération de la commission des dettes royales, du 9 novembre 1828.

Cette délibération résume les titres judiciaires et administratifs du mandataire du Roi, les dénis de justice dont il est victime; elle motive les demandes différentes du réclamant; elle prend pour règle le prononcé du tribunal de commerce de la Seine, du 26 septembre 1828, qui déclare que le mandant doit faire compte avec Pitou, liquider d'abord la somme fixée par le mandataire du Roi en 1825, d'après le tableau demandé et annexé à l'examen du dossier et aux conclusions données par le ministère du Roi, et confirmées par le titre de la ratification officielle du mandat, donnée le 13 juillet 1825. Cette somme liquidée entrera en compte des autres, dont le pouvoir judiciaire, pour éviter le scandale de l'esclandre, renverra le réglement à établir de gré à gré entre le pouvoir administratif et le titulaire.

Pitou, après avoir lu, dit à M. le président: « Voilà toute ma « pensée, toute mon âme, toute la justice, toute l'analyse de « mes titres et de mes droits; mais ce sont là des promesses et « des illusions que mes adversaires nieront comme le reste. » *Et quelle garantie*, reprit le président, *me donnerez-vous*, *des abandons que vous promettez de faire au gouvernement?*

« Une garantie signée de moi, fondée par mon mandat et par « la procuration de mes co-mandataires, signée au nom de tous « au bas de cette décision, dont vous m'autoriserez à prendre « copie, en me répondant à votre tour de la confirmer en toute « occasion, en présence de mes adversaires; voilà cette garantie, « M. le président. »

M. Daru lut très-attentivement, et après avoir lu, il dit: *Signez ce compte à toutes les pages?* Pitou signa.

M. Daru reprend:

« Ce mémoire n'est plus un simple exposé, un simple projet; « c'est votre ouvrage et le mien; c'est un arrêté définitif et sans « réserves du compte de Louis-Ange Pitou, officiellement re- « connu mandataire et créancier de l'état et du Roi, remis par « lui le 15 novembre 1828, confirmé par le comte Daru, au

« nom du gouvernement, du chef de l'état et de la commis-
« sion. »

« La délibération du 9 courant et le présent arrêté de compte
« du 15, sont inséparables. »

« Je vais formuler celui-ci ; copiez d'abord la délibération ;
« gardez le secret ; ma parole suplée à ma signature. »

« Je vais annoncer dans les journaux, la fin des travaux de
« la commission ; ce sera votre garantie pour la fixation des
« paiemens ; alors, mettez tout en œuvre pour obtenir copie de
« la décision qui vous concerne ; par un accord fait entre le pou-
« voir et la commission, cette pièce vous sera d'abord refusée
« sans explication ; mais alors le ministère publiera semi-officiel-
« lement dans ses journaux, la promesse de liquider, à la pre-
« mière session des Chambres, les dettes royales reconnues par
« la commission..... Prenez note de ces insertions ; signifiez à
« qui de droit, le jugement du tribunal de commerce du 26 sep-
« tembre 1828, et tenez-vous-en là, pour ce qui concerne vos
« intérêts et ceux de vos créanciers. C'est l'ordre de votre
« mandat. »

« Les mêmes brûlots qui ont fait du scandale à leur détriment,
« vous applaniront la route ; continuez de servir le Roi et la
« France. »

« Maintenant, des usuriers et de très-hauts personnages sti-
« pulant pour leur compte, vous enverront leurs faiseurs d'af-
« faires pour vous tenter par des offres réelles, à cent pour cent
« de perte. Ne faites de concessions qu'à l'état et au Roi, et
« venez me trouver avant de rien conclure... Pour votre honneur
« et vos intérêts, je veux être arbitre entre vous et eux. »

Pitou accepta cette proposition avec reconnaissance ; les acheteurs de créances se présentèrent : *au nom de monsieur Daru, arbitre, ils n'avaient plus rien à acheter.*

Il copia la délibération avec le compte comme il est ici.

En cas d'événemens, pour suppléer à sa signature sur la copie de Pitou, M. le président lui dit d'aller avec son syndic au ministère de la maison du Roi, le premier jour d'audience, demander au chef du contentieux Brousse, secrétaire de la commission, le même qui, en 1825, avait été l'un des examinateurs de son dossier, *où en était sa réclamation.*

Pitou suivit ce conseil le 20 novembre 1828 ; M. Brousse

répondit au syndic et au mandataire du Roi : « L'affaire Pitou a « été examinée une des premières ; il est impossible de ne pas « reconnaître M. Pitou créancier, mais il n'aura pas tout ce « qu'il demande. »

Pitou transmit cette réponse.

« Vous voilà maintenant en mesure, lui dit M. Daru, contre « les soustracteurs de pièces ; car celui-ci est un des trois men- « tionnés dans l'interrogatoire sur faits et articles du 15 mars « 1828. »

NOTES

Remises à M. le comte Daru, le 15 *novembre* 1828, *Et à M. le duc de Bassano, le* 20 *août* 1833.

M. Pitou ne voulant rien changer au texte des deux pièces des 9 et 15 novembre 1828, a remis le même jour à M. le comte Daru, spécialement pour le Roi, cette explication en forme de note.

Le mandataire du Roi prie M. le président, de vouloir bien expliquer à Sa Majesté, le véritable sens de cette dernière conclusion de la délibération du 9 novembre 1828.

« Quant aux récompenses honorifiques, (la croix de Saint- « Louis), qui furent promises au mandataire par Leurs Majestés « Louis XVI et Marie-Antoinette, les monumens historiques que « M. Pitou a reçus du roi Louis XVIII, les compensent aux yeux « de la commission, qui n'a point d'avis à donner sur ces sortes « de demandes. »

Par le texte du mandat, le Roi et la commission doivent statuer sur les récompenses comme sur les sommes dues à Louis-Ange Pitou; *la commission a donc à s'en occuper.*

Comme particulier, Louis-Ange Pitou, honoré du médailler du Roi, est mieux récompensé par ce monument rare et spécial, que par la faveur d'une décoration.

En 1820

En 1820 et 1825, les amis de M. Pitou lui firent rédiger deux demandes : la première, pour la croix d'honneur, à l'occasion du baptême du duc de Bordeaux. Il remit sa lettre à la poste et ne s'en occupa plus.

Après la cérémonie du baptême, on lui écrit : *Monsieur vous êtes ajourné à la première promotion*. En recevant cette lettre, il voit sur la liste des décorés, l'historien propagateur et complice du faux de M. le vicomte de la Boulaye, secrétaire général du ministère de la maison du Roi, et de son collègue Grandsire, secrétaire général de l'Opéra.

De suite, M. Pitou répond à la missive :

« Gardez vos faveurs, Messieurs, j'aime beaucoup mieux
« qu'on me demande pourquoi je n'ai pas la croix d'honneur,
« que de me demander pourquoi je l'ai. »

Personne, plus que M. Pitou, ne vénère la croix d'honneur et de Saint-Louis, symboles glorieux de la religion, de l'honneur, et représentatifs du chef de l'état ; il en désire le brevet et n'en porterait le signe qu'au moment du danger. Sa lettre ne s'adresse qu'aux faussaires qui ont dicté la réponse qu'il a reçue et non point au Roi.

En 1823, les amis de M. Pitou, à l'administration de la guerre, insistèrent pour qu'il demandât la croix de Saint-Louis; *rien de plus juste*, leur répondirent les deux chefs de bureau des décorations ; *si le ministre le connaissait comme nous*, *il serait en tête de la liste*. Le nom de M. Pitou fut inscrit.

La clef de la caisse aux quarante millions, avait fait des amis partout à M. le vicomte de la Boulaye, la demande de M. Pitou fut remise en regard de sa réponse, dont on se garda de dire les motifs.

Un comité, contrefacteur de la signature des princes, força la main au pouvoir et changea la première liste, le nom de Pitou fit place à celui d'un marquis qui, en 1809, avait travaillé à faire dévaliser le mandataire du Roi; ce joueur de profession, *bonneau* de la cour et de la liste civile, protégé par les faiseurs de dupes, fut fait chevalier de Saint-Louis, par la signature vraie ou supposée du dernier Prince de Condé.

Ces détails sont confirmés par deux chefs de cette division de la guerre.

Depuis ce jour, M. Pitou n'a plus rien demandé, de peur de devenir l'étoile de succès d'un troisième faussaire.

Ses ennemis à la maison du Roi, interprétant contre l'état et le Prince, les sentimens qu'ils se sont acquis par leurs actes, Louis-Ange Pitou, par l'entremise de M. le président de la commission des dettes royales, profita de l'occasion pour remercier spécialement et avec un profond respect, Sa Majesté, de la ratification positive qu'elle a donnée à son mandat, de la reconnaissance donnée par son co-mandataire du compte définitif qu'elle a fait régler, des termes de paiemens qu'elle a assignés; des caisses et des liquidateurs qu'elle a désignés.

Le mandataire prie son illustre mandant de considérer que la récompense de la croix de Saint-Louis, ou de la croix d'honneur, est acquise à celui dont les faussaires ont effacé le nom pour prendre la place. Par cette note, le Roi sera convaincu du profond respect de son mandataire, pour le signe représentatif de l'état et du prince.

Le texte précis du mandat, autorisant le titulaire à réclamer ses créances et les récompenses promises à ses services, omettre cette demande eût été justifier contre soi, l'allégation d'orgueil et de dédain pour ce qui est imposant et honorable.

Paris, 15 novembre 1828.

L.-A. PITOU.

Paris, le 20 *août* 1833.

A M. le duc de Bassano, (Maret), président de la nouvelle commission, continuant et terminant celle de M. le Comte Daru.

Monsieur le Duc,

Vous plaignez Charles x d'avoir été aussi cruellement trompé par les siens. Les vrais amis de l'état et du Roi ne s'en prennent jamais au Prince.

En 1797, avant le 18 fructidor, Bonaparte, à la tête de son armée, ayant voté contre le corps législatif, fut proscrit et devait passer par les armes, si nous eûssions agi trois heures plus tôt. J'etais de ce conseil; Bonaparte le sut, me rappela d'exil, me donna des lettres de grâce. Plus tard, à mon retour, je lui sauvai la vie; à mon avis nous étions quittes, mais le souverain se croyait mon débiteur. Sans notre échec de Russie, Napoléon eût liquidé comme dette de l'état et du monarque, la demande qui arrive aujourd'hui à la commission.

Monsieur le duc, il me semble que cette question est à l'ordre du jour de votre commission.

Le 9 juillet dernier, je vous ai annoncé une réclamation et des pièces qui pouvaient abréger votre travail; c'était l'historique des travaux de la première commission, par M. le comte Daru.

Le 10, on vous a fait répondre que cet historique vous était inutile.

Monsieur le duc, en 1811, je prévins par écrit Napoléon, qu'il était trahi; je lui en donnai la preuve, et j'ajoutai que cette campagne serait son tombeau et la ruine de sa famille.

En 1830, d'après l'invitation du ministre de la maison du Roi, je traçai les mêmes vérités à Charles x, je lui précisai le jour de sa chute, s'il persistait dans ses projets; je lui traçai la route qu'il devait prendre pour déjouer ses ennemis et ses courtisans.

A cette même époque, j'écrivis à M. le duc d'Orléans, à qui je dois de la reconnaissance, que si, par un faux point d'honneur ou mal conseillé, il attachait sa destinée à la fortune de Charles x, il se rendrait fauteur et serait complice d'une révolution inévitable.

Avant le 29 juillet, j'avais eu les moyens de tenir les Vendéens dans l'attente et dans l'inaction; j'en usai.

Après le 29 juillet, j'avais les moyens d'arrêter et de prévenir les mouvemens de l'Ouest; j'en avais prévenu le Roi, on etouffa ma voix. Plus tard, une spéculation mercantile, ouvrage de ces hommes que je désigne dans ma note, on travaillé pour Louis-Philippe, comme mes adversaires pour Charles x; alors, j'ai attendu dans le silence.

L.-A. PITOU.

La suite incessamment.

Herhan et Bimont, impr. rue du Caire, 32

BIBLIOTHEQUE IMPERIALE
IMPR.

www.ingramcontent.com/pod-product-compliance
Ingram Content Group UK Ltd.
Pitfield, Milton Keynes, MK11 3LW, UK
UKHW021055270726
13967UKWH00012B/1420

9 782011 77026